रिमझिम फुहार

(साझा संकलन)

संपादक - सुप्रसन्ना झा
मैथिली अनुवाद - सुप्रसन्ना झा

PRACHI
DIGITAL PUBLICATION

ISBN : 9788198849861

Edition : First, September 2025

Title : Rimjhim Phuhar

Editor : Suprasanna Jha

Published by

PRACHI
DIGITAL PUBLICATION

Regd. Add.: 254, Khuriyakhatta No. 10, Bindukhatta,
Lalkuan, Nainital - 262402, Uttarakhand, India
Website : www.prachidigital.com
E-mail : info@prachidigital.in
Phone : +91 976041 7980, +91 976041 8103

Printed by :
Manipal Technologies Limited, Bengaluru - 560001, Karnataka

अनुक्रमणिका

लेखकीय

कविता क्या है?

कविता केवल शब्दों का मेल नहीं, अपितु भावों, संवेदनाओं और अनुभूतियों की सजीव अभिव्यक्ति है। बड़े–बड़े साहित्यकारों ने कविता को मन की गहराई से निकली एक आवाज बताया है, जो सामान्य भाषा से ऊपर उठकर मनुष्य के अंतर्मन की पीड़ा, प्रसन्नता, आशा और प्रेम का प्रतिनिधित्व करती है। कवि की दृष्टि से यह संसार के तमाम रंगों और अनुभूतियों को समेटने वाली एक संगीतमय छटा है।

रवींद्रनाथ टैगोर के शब्दों में– “कविता मनुष्य की आत्मा की गूँज है, जो प्रकृति, जीवन और मनुष्य की भाव–भूमि से निकली होती है।”

कविता वह पुल है जो व्यक्तिगत अनुभव को सार्वत्रिक बनाती है और भाषा की सीमाओं को लांघकर सीधे हृदय से संवाद करती है।

यह साझा काव्य संकलन है–

काव्य संकलन एक ऐसा साहित्यिक माध्यम होता है, जहाँ अनेक रचनाकारों की विविध अभिव्यक्तियाँ एक साथ प्रस्तुत होती हैं। यह न केवल रचनात्मकता के आदान–प्रदान को प्रोत्साहित करता है, बल्कि पाठकों को विभिन्न दृष्टिकोण, भावों और शैलियों की समृद्धि से परिचित कराता है।

साझा संकलन में अलग-अलग भाषाओं, संस्कृतियों और अनुभवों की समावेशिता पाठक की विश्वदृष्टि को विस्तृत करती है। विशेषकर जब विषय एक सार्वभौमिक अनुभव जैसे "वर्षा" हो, तो विभिन्न रचनाकारों की भावनाएँ और कथानक उस अनुभव को बहुआयामी बना देते हैं। ऐसे संकलन साहित्यिक संवाद के साथ-साथ सामाजिक और सांस्कृतिक पुल का कार्य करते हैं।

"रिमझिम फुहार" एक साझा संकलन है जिसमें पंद्रह रचनाकार सम्मिलित हैं। इस शीर्षक में वर्षा की कोमल, मधुर और निरंतर बूँदाबाँदी का भाव छुपा है। "रिमझिम" शब्द से मन में एक नर्म, मीठी और सहज वर्षा का एहसास होता है, जो सिर्फ प्रकृति को ही नहीं, बल्कि मन और हृदय को भी तर-बतर कर देती है। "फुहार" शब्द उस बूँदाबाँदी को दर्शाता है जो निरंतरता, उत्साह और ताजगी का प्रतीक है।

यह शीर्षक इसलिए भी सार्थक है क्योंकि वर्षा के इस कोमल स्पर्श में जीवन के सुख-दुख, प्रेम की नमी, विरह की कसक और अस्तित्व की गहराई समाहित होती है। इस संकलन के माध्यम से वर्षा की बूँदें जैसे मन के किनारों को भिगोती हैं, उसी भाव को 'रिमझिम फुहार' शीर्षक ने बहुत ही संवेदनशील रूप से व्यक्त किया है।

सावन की पहली बूँद जैसे ही धरती को छूती है,
मिट्टी की गंध आसमान तक उठ जाती है,
और मन में बरसने लगते हैं गीत।

"रिमझिम फुहार" उन्हीं गीतों का संगम है—
पंद्रह रचनाकार, पैंतालीस कविताएँ,
हर कविता एक बूँद, हर बूँद में एक संसार।

"रिमझिम फुहार" केवल कविता-संग्रह नहीं, बल्कि एक ऋतु-यात्रा है—
सावन के पहले बादल से लेकर
शरद के निर्मल गगन तक।

यहाँ प्रेम है, स्मृति है, विरह है, आस्था है, बचपन की मस्ती है और किसानों की आस भी। भाषा में सरलता, चित्रण में कोमलता और शैली में लोकजीवन की आत्मा है।

विशेषता यह है कि इसमें द्विभाषीय– हिंदी और मैथिली– दोनों भाषाओं में रचनाएँ हैं, जो पाठक को दो संस्कृतियों के पुल पर ले जाती हैं, जहाँ भाव एक है, बस शब्दों की धुन बदल जाती है।

यह संकलन सावन का विस्तृत आकाश है, जहाँ पंद्रह दिशाओं से आती बूँदें मिलकर एक ही मेघ बन जाती हैं– और वह बरसता है सीधे आपके हृदय पर। सावन की बूँद बनकर धरती पर उतरता है, मिट्टी की सोंधी महक बनकर मन में उतर जाता है, और भीतर कहीं एक अदृश्य सरगम गूँजने लगती है। यही वह क्षण है जब कविता जन्म लेती है–

कभी प्रेम की कोमल फुहार बनकर,
कभी विरह की भीगी धुन,
कभी बचपन की कागज़ की नाव,
तो कभी आस्था का झरना।

"रिमझिम फुहार" उसी ऋतु-संगीत का संग्रह, सृजन-यात्रा है– बारिश केवल आकाश से गिरती बूँदें नहीं, अपितु मन की धरती को सींचने वाली संवेदनाओं की वर्षा है।

जब पहली बारिश पड़ती है, तो मिट्टी की सोंधी गंध केवल वातावरण नहीं, अपितु तन-मन महका देती है। बादलों की गड़गड़ाहट, बूँदों की छन-छन, पत्तों पर मोतियों-सी ठहरी पानी की बूँदें और भींगे आँगनों में खेलते नन्हें पाँव– यही है "रिमझिम फुहार" का संसार।

यह संकलन मेरे लिए एक पुस्तक नहीं, अपितु एक सांस्कृतिक सेतु है।
यहाँ हिंदी और मैथिली– दोनों भाषाओं में वर्षा के अनेक रूप, रंग और राग उभरते हैं।

संकलन की सबसे महत्वपूर्ण बात यह है कि इसके विविध रचनाकारों ने अपनी अनुभूतियों को शब्दों में ढालकर इसे और भी मनोरम बना दिया है।

मेरी अपनी रचनाएँ– "रिमझिम फुहार" प्रेम और स्मृति का कोमल आलिंगन है, "ओ मेघ!" बादलों को संदेशवाहक बनाती है, और "दु :ख के बादल" में मैंने वर्षा को एक रूपक की तरह देखा है– कभी प्रेम का संदेशवाहक, तो कभी कठिनाइयों के बाद मिलने वाली नई रोशनी का प्रतीक।

मैथिली अनुवाद के माध्यम से इन भावों को दूसरी भाषा में भी उसी आत्मीयता के साथ पहुँचाने की कोशिश की है।

अन्य रचनाकारों की झलक–

डॉ. भारती वर्मा बौड़ाई जी – "वर्षा की रुनझुन" में बादलों की आवाज में छुपी प्रतीक्षा और स्मृतियाँ; "बादल" में बच्चों का उल्लास और दादी की पकौड़ियाँ; "टप-टप" में सावन की हलचल और चुलबुली मस्ती। मैथिली अनुवाद में भी वही धड़कन और इंतज़ार की मिठास बनी रहती है।

मीनाक्षी भटनागर जी– "सावन भी बेजार हुआ" रिश्तों के सूखेपन का सामाजिक व्यंग्य; "मनभावन सी ये बरसात" में हरियाली का संगीत; "ये मनभावन मतवाले मेघ" में मेघों का रूमानी और चपल रूप।

वेद ऋचाजी – "बारिश में" नन्ही-सी कोमल बूँद जैसी रचना; "बरसात में" भींगी भावनाओं की भाषा; "बादल सा होता" में मन की तुलना समुद्र और बादलों की गहराई से।

उषा किरण ज़ी– "ओ बारिश! तेरा शुक्रिया!" में जीवनदायिनी वर्षा के प्रति आभार; "आषाढ़ी घटा" में सावन का श्रृंगार; "संचयन" में बूंद-बूंद से जीवन का संचय।

डॉ. शकुन्तला प्रसाद ज़ी– "वर्षा बाला" नटखट युवती की तरह आती है; "बरखा बहार" में घटाएँ बौछारों में झूमती हैं; "वर्षा रानी" में सावन की गरिमा और सौंदर्य का राजस चित्रण।

कैलाश मनहर जी– "बरसो रे मेघ" धरती की पुकार; "पावस रे मेघा" में किसानों की प्रार्थना।

अशोक कुमार मिश्र जी– "मंगलमय बारिश की बेला" सावन का मंगलगीत; "झर-झर झरना बरसात" में पानी की लय; "मधुमास सावन का आनंद" में उत्सव और ऋतु की पवित्रता।

डॉ. दीप्ति पटेल ज़ी– "बरसात का मौसम" में प्रेम और प्रकृति का भीगा संगम; "बरखा के दिन" का लयात्मक चित्रण; "तेरी छुअन" में बूँदों का प्रेम-स्पर्श।

प्रतिभा श्रीवास्तव अंश ज़ी– "सावन" में ऋतु और प्रेम का मिलन; "आओगे ना" में आस्था का वर्षा रूप; "सबक" में जीवन-पाठ की फुहार।

अर्चना मिश्रा "अर्शी" – "सावन की खुशियाँ" में घर-आँगन का सामूहिक उल्लास; "बरखा" में रिमझिम का आत्मीय स्पर्श; "आया सावन" में ऋतु का स्वागत-गीत।

अनिता सिंह जी– "सावन के रूप" में ऋतु के बदलते रंग; "सखी भी बोल रही" में सखी-संवाद का आनंद; "अद्भुत दृश्य मौसम के" में मानसून की विस्मयकारी छवियाँ।

रोमा झा ज़ी– "उदास मेघ" में बादलों में छिपी मन की उदासी; "बसविट्टा" में ग्रामीण सावन का उल्लास; "मनभावन सावन" में रूमानी मिठास।

कश्मीरा सिंह ज़ी– "सखी, सावन आया है मनभावन आया है" में मित्रता और उल्लास का गीत; "बोलो महादेव की जय" में भक्ति का सावन; "अत्यंत पावन है सावन मास" में सांस्कृतिक पावनता।

डॉ. मीतू झा ज़ी– "मेघदूत" में कालिदास की परंपरा और आधुनिक संवेदनाओं का संगम; "रिमझिम फुहार" में सौंदर्य और रूमानियत; "बादल" में घटाओं के बहुआयामी रंग।

दो शब्द द्विभाषीय प्रस्तुति की विशेषता पर कहना चाहूँगी-

इस संकलन की अनूठी विशेषता यह है कि लगभग हर हिंदी रचना का मैथिली में अनुवाद भी सम्मिलित है। यह केवल भाषा-परिवर्तन नहीं, बल्कि भावों का पुनर्जन्म है– जिसमें शब्द तो

बदलते हैं, पर आत्मा वही रहती है। मैथिली की मधुरता और हिंदी की व्यापकता मिलकर एक ऐसा रस–आलोक रचती है, जो पाठक को दोहरी खुशी देती है।

अत: "रिमझिम फुहार" केवल कविता–पाठ का अनुभव नहीं, बल्कि एक ऋतु–यात्रा है—सावन के पहले बादल से लेकर शरद के निर्मल गगन तक। यहाँ बूँदें कभी प्रेम–पत्र हैं, कभी आँसुओं की भाषा; कभी शिशुओं का शुद्ध सरल क्रीड़ा, तो कभी वृद्धों की आँखों की स्मृति।

"रिमझिम फुहार" एक साहित्यिक सेतु है जो भाषाओं, संस्कृतियों, भावों और विचारों को जोड़ता है। यह न केवल वर्षा के सौंदर्य का उत्सव है, बल्कि मानव–संवेदना के वे रंग भी है जो बूंदों के संग भींजते हैं।

असीम शुभकामनाओं सहित

संपादक – श्रीमती सुप्रसन्ना झा, जोधपुर, राजस्थान।

व्यक्तिगत परिचय

सुप्रसन्ना झा

जन्म	:	वनगांव, सहरसा (बिहार)
वर्तमान मे निवास	:	जोधपुर, राजस्थान।
शिक्षा	:	बी ए (भूपेंद्र नारायण मंडल विश्वविद्यालय)
संगीत	:	प्रभाकर (प्रयाग संगीत इलाहाबाद) 2016 तक अध्यापन एवं भरतनाट्यम संचालिका बासनी सरस्वती नगर जोधपुर, राजस्थान।
अनेक पत्र	:	पत्रिका में कविता, कहानी, लेख प्रकाशित, लेखन में अनेकों सम्मान।
वर्तमान मे	:	साहित्य संपादन।

रिमझिम फुहार

मौसम ने ओढ़ी चूनर भीगी,
बादल गाते गीत सुरीले।
टप–टप बूँदें छन–छन बरसें,
मन में जागें सपने नीले।

कच्ची गलियों में खुशबू बिखरे,
माटी बोले मीठी बात।
आँगन में नाचें नन्हें पाँव,
आसमान गाए मधुर प्रभात।

फूलों ने धोया तन अपना,
पत्तों पर मोती लहराए।
झील में बूँदों की ताल बजती,
हर शाख हँसती, नाचे गाए।

मन के कोने भीगे–भीगे,
स्मृतियों की चुप सी बयार।
प्रेम की गीली चिट्ठी सी,
लगती रिमझिम फुहार।

रिमझिम फुहार

ऋतु ओढ़लक भीजल चुनरी,
बादर गाबय मधुर गीत।
टप–टप बून्न छन–छन झहरय,
मोन में उठल नीक प्रीत।

कांच गली में सुगंध फइलल,
माटि कहय मीठ गप्प।
आँगन में नाचय नान्ह पगिया,
आसमान बाजय मधुर थाप।

फूल सब नहाइ लेलक पाती,
पात पर मोती जेकाँ चमकय।
झील में बून्नक ताल बजय,
डालि–डालि हँसय, गाबय, नाचय।

मोनक कोना कोना भीजल
स्मृतिक बहल चुप्प बतिया।
प्रीतक भीजल चिट्ठी जेकाँ,
लगय रिमझिम फुहार।

ओ मेघ !

तुम प्रेम की भाषा बन जाना,
रिमझिम बूंदों में शांति की लय भर देना,
गर्जन में सच्चाई की आवाज़ गूँजा देना।
ताकि जब धरती भीगे,
तो नफरत की जड़ें गल जाएँ,
और हर हृदय में उग आए
एक नन्हा सा प्रेम का अंकुर।

तुम जब लौटो,
तो धरती के माथे पर
इंद्रधनुष का तिलक लगाकर जाना,
संदेश दे जाना –
"प्रेम ही अंतिम सत्य है,
और वही सबसे बड़ा आकाश।

हे मेघ !

अहाँ प्रेमक भाषा बनि जाउ,
रिमझिम बून्न में शांति केर स्वर भरि दिय',
गर्जन में सच्चाईक आवाज गुंजा दिय'।
जाहि सँ धरती भीजैत काल,
नफरतक जड़ि गलि जाए,
आ हरेक हृदय में उगि उठए
एकटा नन्हका प्रेमक अंकुर।

अहाँ जखन घूरब,
धरतीक माथ पर
इन्द्रधनुषक तिलक लगा क' जाउ,
संदेश द' जाउ –
"प्रेमे अंतिम सत्य अछि,
आ ओहिए सभ सँ पैघ आकाश।"

दु:ख के बादल

दु:ख के बादल भी जीवन के शिक्षक हैं,
सिखाते हैं — आकाश के पार देखना।
अंधेरों में भी खोजनी होती है वह रेखा,
जहाँ उम्मीद की पहली किरण मुस्काती है।

ये बादल आते हैं, जाते हैं,
जैसे विचारों की धारा, कभी निर्मल, कभी कलुषित।
मन जब भी उलझता है,
वह अपने ही प्रतिबिंब में नया अर्थ ढूँढता है।

दु:ख केवल भार नहीं, एक द्वार है भीतर की यात्रा का,
जहाँ हम स्वयं से मिलते हैं — निर्वस्त्र, निशब्द।
हर आँसू एक मोती है,
जो हमें अपने अस्तित्व की गहराई में उतारता है।

सुख और दु:ख दो तट हैं एक ही नदी के,
जिसे पार करते हुए हम जीवन की धारा में बहते हैं।
दु:ख के बादल याद दिलाते हैं —
सब कुछ क्षणिक है,
न तो यह घटा स्थायी है, न ही चमकता सूरज।

अंत में, जब बादल छँटते हैं,
हम भीतर से अधिक स्वच्छ, अधिक सजग हो जाते हैं।
तभी तो कहा जाता है —
दु:ख ही है वह बीज,
जिससे आत्मा में चेतना का फूल खिलता है।

दुखक बादर

दुखक बादर सेहो जीवनक गुरु होइत अछि,
सिखबैत अछि — आकाशक पार देखनाय।
अन्हारो में खोज' पड़ैत अछि ओ रेखा,
जत' आशाक पहिल किरण मुस्की दैत अछि।

ई बादर अबैत अछि, जायत अछि,
जेना विचारक धार — कखनो निर्मल, कखनो मलिन।
मोन जखन उलझय,
ओ अपन प्रतिविम्ब में नव अर्थ खोज' लगैत अछि।

दुख मात्र भार नै अछि,
ई त' भीतरक यात्रा के द्वार अछि,
जत' हम स्वयं सँ भेट करैत छी — आवरणहीन, नि:शब्द।
प्रत्येक आँसू एक मोती जेकाँ अछि,
जे हमरा अपन अस्तित्वक गहिराई में उतारैत अछि।

सुख आ दुख — ई दुनू तट छी एक्के नदीक,
जकरा पार करैत-करैत हम जीवनक धार में बहैत छी।
दुखक बादर याद दियाबैत अछि —
सब किछु क्षणिक अछि,
नै तँ'ई घटा चिरकालक अछि, न चमकैत सूरज।

अन्त में, जखन बादर छँटैत अछि,
हम भीतर सँ आर स्वच्छ, आर जागरूक भ' जाइत छी।
ताहि लेल कहबाक होइत अछि —
दुखे ओ बीज थिक,
जै सँ आत्मा में चेतनाक फूल फुलैत अछि।

व्यक्तिगत परिचय

डॉ. भारती वर्मा बौड़ाई

जन्म	: देहरादून, उत्तराखंड
शिक्षा	: एम. ए. (हिंदी साहित्य), बीएड., डीफिल. (शोध द्वारा)
प्रकाशित	: 21.पोथी प्रकाशित, अनेक पत्र-पत्रिका में रचना प्रकाशित
वर्तमान में	: स्वतंत्र अध्ययन आओर लेखन

वर्षा की रुनझुन

वर्षा की रुनझुन रुनझुन
मोहे भावे ना।
मेरे सजन गए परदेश अब,
घर आवे ना।

कारी रतियाँ बादल गरजें,
मोहे डर लागे।
कासे कहूँ मैं मन की बतियाँ,
अब किसके आगे।

सास-ननदिया करें बरजोरी,
मोहे खूब सताएँ।
ससुर देवर भी मिलकर संग,
बातें खूब बनाएँ।

साथ सजन जब ना हो सब,
बैरी बन जाते।
अपने आँसूं ही बह-बह कर,
मन को धीर बँधाते।

हर आहट पर लगता जैसे,
मेरे सजन आए।
वो परदेस में रमे हुए यहाँ,
मेरा मन घबराए।

छम्म–छम्म वर्षा देख–देख मैं,
तो हुई बावरी।
तकते–तकते राह हुई मैं,
उजरी से साँवरी।

बरखा क' रुनझुन

बरखा क' रुनझुन रुनझुन
हमरा नीक नै लागए
हमर सजन गेल छथि परदेस
घर फेरि नै आबए

कारी रतिया बादर गर्जए
हमरा मोन भय पैसए
किनका कहू मोनक'गप्प सभ
किनका आगाँ बैसए

सास-ननदिया मारय ताना
हमरा खूब सतावए
ससुर-देवर सेहो मिलि क'
गप सभ बना-बनावए

संग सजन जँ नै होए त'
सभ बैरी बनि जाय
आँखिक नोर बहा-बहा क'
मोन कँ ढाढ़स बँन्हाइय

प्रत्येक आहट पर लगए जेना
हमर सजन आबि रहल छथि
ओ परदेश में रमल अछि
हमर मोन घबराए रहल अछि

छम-छम वर्षा देखि-देखि
हम तँ भेलहुँ बावरी
राह निहारैत निहारैत
भेलहुँ उज्जर सँ साँवरी

बादल

उमड़-घुमड़ उमड़-घुमड़
देखो बादल गरज रहे हैं।

तेज हवा चलने लगी
पेड़-पौधे सब झूम रहे।
छोटे-छोटे बच्चे दौड़ कर
घर की छत पर घूम रहे।

छम-छम बूँदें गिरेंगी जब
तब खिड़की से देखूँगा।
दादी पकौड़े बनाएँगी तब
खाते-खेलते घर में हँसूँगा।

थोड़ा और बड़ा हो जाऊँ
तो बारिश में नहाऊँगा।
कागज की नाव बनाकर
भीग-भीग कर चलाऊँगा।

देखो ओले भी गिरने लगे
छोटे-छोटे मोती जैसे।
हरी घास पर फैल गए
सफेद चादर के जैसे।

जोर-जोर से गरज-गरज
देखो बादल बरस रहे हैं।

बादर

उमड़-घुमड़ उमड़-घुमड़
देखू बादर गर्जय अछि।

तेज बसात बहय लागल अछि
गाछ-पात सब झूमय।
छोट-छोट बच्चा सब दौड़ि
घरक छत पर घूमय।

छम-छम बून्नी पड़त जखन
हम खिड़की सँ देखब।
दादी पकौड़ी बनौथिन तखन
तकरा खा कऽ घर में खेलब।

कनिके आर पैघ भ'जायब
त' बरखा में नहाएब।
कागजक नाव बना कऽ
भीजि-भीजि कऽ चलाएब।

देखू ओला पड़य लगल अछि
छोट-छोट मोती जेकाँ।
हरियर घास पर फैलि गेल अछि
सफेद चादर सन देखू।

जोर-जोर सँ गर्जि-गर्जि कऽ
देखू बादर बरसय अछि।

टप टप

टप टप बरस रहा पानी
बारिश आई देखो भाई
कितना सारा पानी!
टप टप......

कागज की नाव बना कर
पानी में उसे चलाएँ।
मम्मी-पापा की कॉपी से
नाव बहुत बनाएँ।

आँगन में बैठे दादा-दादी को
नानी की बातें सुनाएँ।
टप टप......

छप-छप करते आँगन में
बारिश में खूब नहाएँ।
मम्मी-पापा चाहे जितना डाँटे
अनसुना कर बस भीगते जाएँ।

बड़ी मुश्किल से आई बारिश
मस्ती करते अक्कू-जॉनी।
टप टप......

आँगन में पेड़ लगे सब
खुश होकर झूमे।
बारिश ने सबको पानी दिया
तन-मन भी हर्षाए।

आई है बारिश सबके लिए
लेकर चूनर धानी।
टप टप......

घर–आँगन तालाब बने
नदी–नाले सब भर गए।
जहाँ भी देखो पानी ही पानी
देख कर हम तो डर गए।

हाथ जोड़कर कहते हैं तुमसे
अब जाओ बरखा रानी।
टप टप......

पानी बरसेगा छम–छम
अक्कू नहाएगा धम–धम।
कितना सुहाना लगेगा
पानी में जी भर नहाना।

सर–सर बहती ठंडी हवा
लाई है नई रवानी।
टप टप......

बारिश में कितने पेड़ उखड़े
सड़कें भी सब टूटी।
खम्भे उखड़ गए, बिजली नहीं है
रोती है दुनिया सारी।
प्यासे हैं सब कई दिनों से
कहाँ से लाएँ पानी?
टप टप......

टप टप

मैथिली अनुवाद

टप टप बरसि रहल पानि
बरखा एलनि देखू भाय
संग लऽ कतेको पानि !
टप टप......

कागजक नाह बनाकय
पानि में तकरा चलाबी,
मम्मा–पापा केर कॉपी सँ
नाह बहुत बनाबी।

आँगन में बैसल दादा–दादी कँ
नानी केर गप्प सुनाबी।
टप टप......

छप–छप करैत आँगन में
बरखा में खूब नहाबी।
मम्मा–पापा कतेको डाँटथि
अनसुनी कऽ भीजती जाऊ।

बड्ड मुश्किल सँ आयल अछि बरखा
मौज करय अक्कू–जॉनी।
टप टप......

आँगन में सब गाछ–बिरिछ
खुश भऽ नाचय।

बरखा सबकेँ पानि देने अछि
तन–मन हर्षाय।

आयल अछि बरखा सभ'क लेल
लेलनि चूनर धानी।
टप टप......

घर–आँगन पोखरि बनल
नदी–नाला भरि गेल।
जतय देखू पानि पानि
देखि हम सभ डरि गेल।

हाथ जोड़ि कहै छी अहाँ सँ
आब जाउ बरखा रानी।
टप टप......

पानि बरसत छम–छम
अक्कू नहाओत धम–धम।
कतेक सुन्नर लागत
पानि में जी भरि नहाय।

सर–सर बहैत ठंढा हावा
लएलनि नव रवानी।
टप टप......

बरखा में कतेको गाछ उखड़ल
टूटि गेल सड़क सबटा।
खंभा उखड़ि गेल, नहि अछि बिजूरी

कानैत अछि दुनिया सगर।

पियासल अछि सब कते दिन सँ
कतय सँ आनब पानि?
टप टप……

व्यक्तिगत परिचय

मीनाक्षी भटनागर

पता : आर – 83, पी क्यू आर, न्यू टाउन हाइट्स, सेक्टर – 90, गुरुग्राम – 122505

देहरादूनवासी : पुष्पित मीनाक्षी भटनागर जी रसायन शास्त्र में एम.एस.सी. के उपरांत, दिल्लीक प्रतिष्ठित विद्यालय में कई दशक तक अध्यापन कार्य कयने छथि। अहाँ अनेक साहित्यिक मंच सँ जुड़ल छी आ सम्मानित सेहो भऽ चुकल छी। अहाँक चारि एकल काव्य संग्रह प्रकाशित भऽ चुकल अछि —"जिन्दगीनामा : कुछ लम्हें — कुछ सपने", "चारदीवारी सँ चौराहा तक", "युद्ध, प्रेम आ जीवन", आ "सफर अच्छा रहा"। 'चारदीवारी सँ चौराहा तक' काव्य संग्रह के दिल्लीक एक प्रसिद्ध साहित्यिक मंच द्वारा पुरस्कार भेटल अछि। अहाँकँ 2100 नगद राशि, शाल आ प्रशस्ति पत्र द्वारा सम्मानित कएल गेल। अहाँक रचनासभ अनेक साझा संग्रह में प्रकाशित भेल अछि। समय–समय पर साहित्यिक मंचसभ द्वारा सम्मान सेहो भेटैत रहल अछि। अहाँ कई गो कार्यक्रमसभ में संचालन कऽ चुकल छी आ अपन विद्यालयीय कार्यकाल में एक समाचार पत्रक सम्पादन सेहो कएल।

रचनाएँ : पत्रिकासभ में लगातार प्रकाशित होइत अछि। अहाँ ऑनलाइन काव्य मंचसभ पर सेहो नियमित रूप सँ काव्य पाठ कऽ रहल छी।

सावन भी बेज़ार हुआ

बाहर के आडंबर हैं
मन का सूना अंबर है
हर ओर लगा इक मेला है
मानव स्वयं अकेला है
भावों का व्यापार हुआ
सावन भी बेज़ार हुआ

सच्चे का मुंह होता काला
मक्कारों का बोल बाला
ग्लोबल जग को पहचाना
और पड़ोसी अंजाना
जग सारा बाजार हुआ
सावन भी बेज़ार हुआ

वार त्योहार सभी यही
अपनापन और प्यार नहीं
धन वैभव का अभिनंदन
लाचारों का है क्रंदन
अजब ग़ज़ब सा व्यवहार है
सावन भी बेज़ार हुआ

साओन सेहो बेज़ार भेल

बाहेर केर आडंबर छै,
मोनक सून्न अंबर छै।
चहुँदिस लागल मेला-ठेला,
मानव बनि गेल अछि एकाँग अकेला।
भावक व्यापार भेल
साओन सेहो बेज़ार भेल।

सुच्चा लोकक मुँह पर कालिख,
झूठक बाजे बोल बाला।
ग्लोबल बनल विश्वक सपना,
आ पड़ोसी बनल अनजाना।
जग सभटा बाजार भेल
साओन सेहो बेज़ार भेल।

वार-पर्व सभ आब इहे,
अपनापन आ प्रेम नैह।
धन-वैभवक जयकारे अछि,
लाचारक छै क्रंदन
अजबे गजब व्यवहार,
साओन सेहो बेज़ार भेल।

मनभावन सी ये बरसात

मन को यूँ भिगा भिगा गई
कस्तूरी सा महका गई
दस्तूर अपना निभा गई
सुंदर हरियाली से ये पात
मनभावन सी यह बरसात

गहरे सागर से ले नीर
भर लेती है भीतर पीर
मन में धरती है धीर
कितनी न्यारी है ये बात
मनभावन सी यह बरसात

हर पात पर करती नर्तन
कण कण का करती चुंबन
प्रकृति का है उपहार पावन
बूँदें सावन की सौगात
मनभावन सी यह बरसात

मोनभाओन ई बरसात

मोन कँ भींजा-भींजा देलक
कस्तूरी जेकाँ महका देलक
अपन नेह-रस निभा देलक
सुन्नर हरियर सन ई पात
मोनभाओन ई बरसात।

गहिर समुन्द्र सँ आनल नीर
भीतरक पीर कँ हर लेलक तीर
मोन मे धरैत अछि धीर
कतेक भिन्न छै ई बात!
मोनभाओन ई बरसात।

हर पात पर करैत अछि नर्तन
कण-कण के करैत अछि चुम्बन
प्रकृतिक अछि ई उपहार पावन
साओनक बून्न — सौगात!
मोनभाओन ई बरसात।

ये मनभावन मतवारे मेघ

कहीं वेदना से घिर जाते
कहीं दुख की हाला पी जाते
गहन पीर से जो झुक जाते
अंतर्मन में लहर उठाते
ये मनभावन मतवारे मेघ

कभी विरह की आग लगाते
पी मिलन की भी आस जगाते
कभी प्यार की कली खिलाते
मन सागर में भंवर उठाते
ये मनभावन कजरारे मेघ

कभी धरा का करते आलिंगन
कभी शिखर को देते चुंबन
कभी प्रेम के रंग बिखराते
अनजाने से आगे बढ़ जाते
ये मनभावन से रतनारे मेघ

कभी शितिकंठ नचाते मेघ
सिंहनाद से ज्यूँ गरजे मेघ
दादुर ध्वनियों से बनता गान
कोयल ने छेड़ी अपनी तान
ये मनभावन से प्यारे मेघ

ई मोनभाओन मतवारा मेघ

कतहु वेदना सँ घेराइत अछि,
कतहु दुखक हाला पी जाइत अछि,
गहिर पीर सँ जे झुकि जाइत अछि,
अंतर्मन मेँ लहरि उठबैत अछि –
ई मोनभाओन मतवारा मेघ।

कतहु बिरहक आगि लगबैत अछि,
प्रीत-मिलनक आस जगबैत अछि,
कतहु नेहक कली महकबैत अछि,
मोनसागर मेँ भँवर उठबैत अछि –
ई मोनभाओन कजरारा मेघ।

कतहु धरती कैँ आलिंगन करैत अछि,
कतहु शिखर कैँ चुम्बन दैत अछि,
नेहक रंगक बौछार बरसाबैत अछि,
अनजान दिस बढ़ैत चलि जाइत अछि –
ई मोनभाओन रतनारा मेघ।

कखन शिवकंठ कैँ नचबैत अछि,
सिंहनाद सँ गर्जन करैत अछि,
दादुरक ध्वनि सँ गीत बनैत अछि,
कोयल अपन तान छेड़ैत अछि –
ई मोनभाओन प्यारा-प्यारा मेघ।।

व्यक्तिगत परिचय

वेद ऋचा

जन्म	: चंडीगढ़
निवास	: हिसार, हरियाणा
शिक्षा	: एम.ए., एमफिल, बीएड (इंग्लिश) 2022 तक अध्यापन-कार्य
प्रकाशित	: प्रकाशित पुस्तकें तीन, अनेक पत्र-पत्रिकाओं में रचनाएं प्रकाशित।

बारिश में

सब कुछ भीगा
बारिश में

कुछ तुम भीगे
कुछ हम भीगे
बारिश में

भीगे नयन
कुछ मन भीगा
बारिश में

भीगे अरमान
स्वपन सब भीगे
बारिश में

भीगा आँगन
भीगा गगन भी
बारिश में

खिले उम्मीद
खिलें सुमन फिर
बारिश में

तुम जो मुस्कुराओ
दिखे धनक फिर
बारिश में.....

बरसात में

सब किछु भीजल
बरसात में।

किछु अहूँ भीजलहुँ,
किछु हमहुँ भीजलहुँ
बरसात में।

भीजल नयन,
किछु मोन सेहो भीजल
बरसात में।

भीजल अरमान,
सपना सभ भीजल
बरसात में।

भीजल आँगन,
भीजल गगन सेहो
बरसात में।

खिलल उम्मीद,
फूलो खिलल फेर
बरसात में।

अहाँ जँ हँसैत छी,
देखाइ पड़य इंद्रधनुष फेर
बरसात में।

बादल सा होता

काश

यह दिल मेरा....

बादल सा होता

उमड़ता – घुमड़ता

बरसता तो

अब भी है

पर उसके बाद

उसी की तरह

हल्का सा होता....

काश यह दिल मेरा....

समंदर सा होता

गहरा तो है

शाँत कभी

कभी उग्र

समा तो लेता

राज़ सभी अपने अंदर

पर उसी की तरह

रहता अपनी मौज़ में सदा

काश यह दिल मेरा....

होता सिर्फ़ सफ़ीना तेरा....

फिर जो होता

तेरे

अख़्तयार में होता....

बादर.. सन होइते

काश –
ई हृदय हमर
बादर सन होइते –
उमड़इत-घुमड़इत,
कखनो बून्न-बून्न
कखनो झर-झर बरसइते,
आ बरसि जएबाक बाद
ओही सन
हल्लुक, सन होइते.....
काश !ई मोन हमर....

काश –
ई हृदय हमर
समुन्द्र सन होइते –
गहिर तँ अछि,
मुदा शान्तो रहिते
कखनो-कखनो उग्र,
तैयो अपनहि किनारमे सिमटल,
समा लैत सभटा रहस्य
सभ पीड़ा,
आ बहैत रहिते
अपनहि लहरिमे –
बिना कोनो शिकायत।

काश –
ई हृदय हमर

सिरिफ तोहर सफ़ीना होइते –
फेर जे होइते,
तोहर अख़्तियारमे रहिते।

सुनो

एक वादा करो
कि केवल एक यह बात
भूलोगे नहीं कभी

तुम सींचते रहना
अपने भावों से मुझे
मैं सूखी हुई सी कविता हूं तुम्हारी

अभी नहीं
परंतु कभी न कभी
दशरथ मांझी की तरह

तुम्हारे प्रयास भी सफल हो जाएंगे
निकल आएगा कोई न कोई रास्ता
बन जाएगी संजीवनी तुम्हारी कोशिश....

कविता और प्रेम मरते नहीं हैं मरते दम तक!!!

सुनहू

एकटा वादा करू –
जे बस एतेक गप्प
कखनो नहि बिसरब।

अहाँ सींचैत रहब
अपने भाव सँ हमरा,
हम अहाँके सूखल कविता छी।

एखन नहि,
मुदा कखनो ने कखनो,
दशरथ मांझी जेकाँ,

अहाँके प्रयास सफल होयत,
कोनो ने कोनो बाट निकलि आयत,
अहाँके प्रयास बनि जायत
संजीवनी।

कविता आ प्रेम –
नहि मरैत अछि,
साँसक अंतिम क्षण तक जीवित रहैत अछि।

व्यक्तिगत परिचय

उषा किरण

नाम	:	उषा किरण
शिक्षा	:	एम ए (हिंदी साहित्य)
निवास	:	पटना (बिहार)
एकल काव्य संग्रह	:	जीवन की लय, जो रह गयी थी अनकही।
साझा काव्य संग्रह	:	काव्य कुसुम, काव्य कलश, रंगोत्सव, नवसृजन, स्वर प्रवाह, द वड्र्स ब्रिज एवं फोर स्टार्स।
लघु कथा संग्रह	:	इजोत
प्रकाशित	:	अनेक पत्र- पत्रिकाओं में लेख, कविताएँ, लघु कथा आदि प्रकाशित
संपर्क सूत्र	:	7654310005
मेल आईडी	:	ushakiranrohin@gmail.com

ओ बारिश! तेरा शुक्रिया!

सावन की रिमझिम बारिश में
हम साथ चल रहे थे
बिल्कुल खामोश
अचानक तुम बोल उठे
आसमान की बारिश से
वातावरण धुल जाता है
खेत, खलिहान, ताल
तृप्त हो जाते हैं
मैंने कहा
और आँसुओं की बारिश से
मन हल्का हो जाता है
थोड़ी देर खामोशी पसरी रही....
सहसा तुम्हारी धीमी आवाज सुनाई दी
तुम्हारा चेहरा भी तो
मेरी आँखों की झरती शबनम में
भींग रहा है और ये कहते हुए
तुम्हारी मीठी मुस्कराहट ने
वो सब कुछ कह दिया
जो मुद्दत से
मैं सुनना चाहती थी
ओ बारिश!! तेरा शुक्रिया!

हे बरखा! तोहर उपकार!

साओन केर रिमझिम बरखा में
हम दुनू संग-संग चलि रहल छलहूँ,
बिल्कुल चुपचाप।

अचक्के अहाँ बाजि उठलहुँ –
"आसमान सँ झहरैत बरखा
सगरो वातावरण कैं धो-पोंछि दैत अछि,
खेत, खलिहान आ पोखरि
सब तृप्त भ' जाएत अछि।"

हम कहलिऐ –
"आँखिक बरखा सँ सेहो
मोन हल्लुक भ' जाइत अछि।"

थोड़ेक देर लेल मौन पसैर गेल...
तखने अहाँक धीमा स्वर सुनाइ देलक –
"अहाँके चेहरा
हमर आँखिक बरसैत शबनम में
भींजि रहल अछि..."

आँखिक कोना पर उगैत
अहाँक ओ मधुर मुस्कान
सब किछु कहि गेल,
जे हम युगों सँ सुन' चाहैत छलहूँ।

हे बरखा! तोहर उपकार!

आषाढ़ी घटा

वाह री आषाढ़ी घटा!!
तेरी पहली बारिश
सिर्फ मेघदूत की ही
याद नहीं दिलाती, बल्कि
तेरी अमृतमयी बूँदों से
भींगी धरती से उठती
सौंधी सुवास
न जाने कितनी
सोयी स्मृतियों को
जगा देती है

हाँ री आषाढ़ी घटा!
तुम्हारी रिमझिम बूँदें
सिर्फ धरती को ही
पानी से नहीं भिंगोती
बल्कि माथे पर
पड़ी अधेड़ लकीर में
बसी स्मृतियों की
गली – कूचों में
आदमी को भी
डूबो देती है।

आषाढ़क घटा

"आषाढ़ी घटा" – मैथिली अनुवाद

वाह री आषाढ़क घटा!!
तोहर पहिल बरखा
केवल मेघदूत केर
स्मृति नहि जगबैत अछि,
बल्कि तोहर अमृत-जेकाँ बून्न सँ
भीजल धरती सँ उठैत
सौंध गंध
नहि जानि कतेक' टा
सुतल स्मृतिकँ
जगा दैत अछि।

हाँ री आषाढ़क घटा!
अहाँके रिमझिम बून्नी सभ
केवल धरती कँ
पानि सँ नहि भिजबैत अछि,
बल्कि माथ पर पड़ल
अधेड़ लकीरक
बीच में सटल
स्मृतिक गली-कूचा में
मानव कँ सेहो
भिजा दैत अछि,
डुबा दैत अछि।

संरचन

उमड़ – घुमड़ कर छाए हैं
कुछ काले टुकड़े मेघ के
आकाश के सुनहरे रंग को
अपने रंग में रंग कर
धीरे – धीरे फैल गए हैं

लक्ष्मण रेखा सी दामिनी
बार– बार कौंध रही है
और दिखाई दे रहा है
आकाश का मटमैला रंग

ओ कजरारे मेघा! मत दो
ऐसी वेदना, ऐसा विरह
रास्ता तो दो उसे,
ताकि....

विरह योगी आकाश के आँसू
झर –झर, झर–झर बरसें
तप्त धरती के मिलन को
नव अंकुर के संरचन को।

संरचना

उमड़-घुमड़ि चढ़ल अछि
किछु करिया टुकड़ा मेघक
आकाशक सुनहरि रंग कैं
अपन रंग मे रंगि
नहूँ-नहूँ पसरि गेल अछि।

लक्ष्मण रेखा सन दामिनी
बेरि बेरि कौंधि रहल अछि
आ देखाइ पड़ि रहल अछि
आकाशक मटमैला रंग।

हे' कजरारि मेघ! नहि दिअओ
ऐहन पीड़ा, ऐहन बियोग,
रास्ता तँ दिअओ ओकरा,
जाहि सँ...

बियोगी योगी आकाशक नयनजल
झर-झर, झर-झर बरसै,
तप्त धरतीक मिलन लेल
नव अंकुरक संरचना होइ।

व्यक्तिगत परिचय

डॉ. शकुन्तला प्रसाद

जन्मतिथि	:	1954
जन्मस्थान	:	गुमला (झारखंड)
पति	:	स्वर्गीय डॉ बक्शी के आर पी सिंन्हा
शिक्षा	:	एम ए (अंग्रेजी साहित्य), पीएचडी (राँची यूनिवर्सिटी)
प्रकाशित पुस्तक	:	"जीवन की लय" (उषा किरण) पुस्तक की अंग्रेजी अनुवादक।
साझा काव्य संग्रह	:	काव्य प्रवाह, सृजन के स्वर, सृजन पथ
साझा लघु कथा	:	इजोत
विभिन्न पत्र	:	पत्रिकाओं में हिंदी आओर अंग्रेजी में लघु कथा, कविता आदि प्रकाशित।

वर्षा बाला

ज्येष्ठ भाई, जेठ, के पीछे – पीछे
दौड़ी आई बहना, वर्षा बाला
धूप से बेहाल धरा को
अपनी शीतल जीवन दायी
बूँदों की बौछार से
जीवन्त कर, ख़ुशहाल करने।

वर्षा बाला
तू तो बहुत ही भली लगती
तेरी रिमझिम सर्वत्र प्राण वायु
का संचार कर इतराती फिरती..
मयूर – पंख फैला कर नृत्य में लीन हो जाते
मेंढक की टर्र टर्र, बारिश की बूँदों में तान भरती
भीगे पंख समेट पंछी –
मुँडेरों पर बैठकर अपनी आवाज़ में कुछ नया करने का प्रयास करते..
सड़कों पर पैदल चलते लोग
छाता लेकर चलते, कस कर
पकड़ते– कहीं तेज हवा उड़ा न ले जायें
वाहन पानी की बौछार उड़ाते
सर्र से गुज़र जाते,
कोई भीगे अपनी बला से ..
सड़कें, गीली जलमग्न मटमैली
और ट्रैफिक धीमी रफ़्तार से चलती.
गृहिणियाँ भागतीं
छत से सूखे बड़ी पापड़ अचार व कपड़ों को उठाकर
नीचे लाने और कई तो वर्षा बाला के स्वागत में
पकौड़ियों और गर्म चाय की

फरमाइश भी कर डालते
वर्षा बाला
तूने तो गजब कर दिया
तपन व थकान व बेचैनी को
मुस्कान फुर्ती व ज़िंदादिली
का पर्याय बना लिया।

बरखा बाला

ज्येष्ठ भैया, जेठक तापक पाछा–पाछी
दौड़ैत आयल बहिनिया — बरखा बाला।
रौद सँ बेहाल धरा कँ
अपन शीतल, जीवनदायिनी
बून्नक' फुहारसँ
जीवंत करय, सुखमय बनाबय।

बरखा बाला,
तोहर रूप बहुत मधुर लागैत अछि।
तोहर रिमझिम फुहार
सभतरि प्राणवायु केर संचार करैत
गौरवसँ इठलाइत फिरै छै।
मोरंग अपन पांख पसारि नृत्यमे मगन भ' जायत।
भेकन (मेंढ़क) टर्र–टर्र करैत
बारिशक बूँद सभमे स्वर भरैत अछि।
भीजल पांख समेटि क' चिरैया
मुडेर पर बैसि अपन आवाजमे नवता खोजैत अछि।
सड़क पर पैदल चलनिहार लोक
छाता क' कसिक' पकड़ैत —
कत्तो तेज पवन उड़ा ने लए जाए।
गाड़ी सभ पानीक छींटा उड़ा क'
सरसराइत चलि जायत,
केओ भीजल — अपन भाग्य पर।
सड़क सभ गीला, जलमग्न, माटि लगल।
ट्रैफिक धीमा — कनि–कनि सरकत।
गृहिणी सभ दौड़ैत

छतसँ सूखल बड़ी, पापड़, अचार आ कपड़ा सभ कँ
नीचा ल' आनबाक हड़बड़ी मे।
आ कतेको त' वर्षा बाला केर स्वागतमे
पकौड़ी आ गर्म चायक
फरमाइश सेहो क' देलनि।

बरखा बाला,
ताँ त' अद्भुत क' देलहीं।
ताप, थकान आ बेचैनिकँ
मुस्की, फुर्ती आ जिंदादिली
क' पर्याय बना देलहीं।

बरखा बहार

सूखी शाखायें वृक्षों की
प्यासी धरती की फटीं दरारें
खेतों में खटते, तपते धूप में किसान
फटे होंठ, माथे पे अंगोछी लपेटे
अपने अपने कामों में लगे लोग ..सभी की एक ही पुकार
कब आओगे, जल्दी आओ
बरखा बहार

नभ के कोने में हुई हलचल
जुटने लगे बादल
गरजने लगे
एकटक आँखें लगीं ताकने
उसी कोने की ओर .
और फिर तो झमाझम बारिश
हुई शुरु
गूँजी हर्ष की किलकारियाँ
चारों ओर खुशी की लहर
शहनाई सी बजी बार बार .
लो आई बरखा बहार
लाई खुशियाँ हजार !!!!

बरखा बहार

सूखल डारि वृक्षक
पियासल धरतीक फटल दरार,
खेतमे घाममे झँपैत, पसीनासँ भीजल किसान,
फटल होठ, माथ पर अंगोछी बान्हने,
अपन-अपन काजमे लागल लोक
सभक एके टा पुकार –
कखन अबे? जल्दी अबह
बरखा बहार!

आकाशक कोना मे भेल हलचल,
मेघ सभ जुटए लागल,
गर्जन करए लागल
एकटक नजरि लागल ताकय
ओहि कोना के कात
आ फेर तऽ झमाझम बरसात
शुरू भ' गेल!
गूँजल हर्षक किलकारी,
चारू कात खुशीक लहरि,
शहनाई जकाँ बाजल बारम्बार
ए लेल आयल बरखा बहार,
लऽ आयल खुशी हजार!

वर्षा रानी

बूँदों की झालर से सजती
बारिश की लड़ियों
से उतरती
रिमझिम के तरानों के साथ आई
यह तो वर्षा रानी है।

काले मेघ गगन पर उमड़ते घुमड़ते –
नगाड़े बजाते,
हवायें भी तेज़ी से
इधर – उधर विचरतीं –
संदेशा पहुँचातीं –
वर्षा रानी आईं
वर्षा रानी आई।

ऐसे में विरही मन विकल हो बिलखते
नवयौवनाएँ धानी परिधान, चूड़ियों की खनक
नाज व नखरे दिखातीं –
धरा भी हरी भरी मुस्काती
अलग नज़ारे, विभिन्न रंगत, अनेक
भावानुभूति
और बारिश की बूँदें,
अपने गीत – संगीत के साथ
वर्षा रानी के स्वागत में झूम कर
नाचने लगतीं ।

बरखारानी

बून्निक झालरसँ सजल,
बरसाक लड़ीसँ झरल,
रिमझिमक तरानाक संग
ओहि ठाढ़ आयल —
ई तऽ बरखा रानी अछि।

कारी घन गगनमे उमड़ैत-घुमड़ैत,
नगाड़ा बजबैत,
पवन तेजीसँ
एहि दिस-ओहि दिस दौड़ैत,
संदेश पहुँचबैत —
बरखा रानी आयल,
बरखा रानी आयल!

एहन अवसरमे विरही मोन
विकल भ' बिलखए लगैत
नवयौवना धानी परिधानमे,
चूड़ीक खनक सुनबैत,
नाज आ नखरा देखबैत —
धरतियो हरियर-भरियर भ'
मुस्की दैत।
अलग दृश्य,
विविध रंग-रूप,
अनेक भावानुभूति
आ बरखा केर बून्नी सभ
अपन गीत-संगीतक संग

बरखा रानीक स्वागतमे
झूमि–झूमि नाचए लगैत।

व्यक्तिगत परिचय

कैलाश मनहर

जन्म : 02 अप्रेल 1954

पता : स्वामी मौहल्ला, मनोहरपुर (जयपुर-राज.)

पिन कोड : 303104

मोबाइल नम्बर : 09460757408

सेवानिवृत्ति : राजस्थान शिक्षा विभाग में अध्यापक पद से सेवानिवृत्त

प्रकाशित कृतियाँ : कविता की सहयात्रा में, सूखी नदी, अवसाद पक्ष, उदास आँखों में उम्मीद, अरे भानगढ़ तथा अन्य कविता में, हर्फ़ दर हर्फ़, मध्यरात्रि प्रलाप, चयनित कवितायें, उतरते इक्कीस के दो महीने, निगहबानी, काल-अकाल (सभी कविता संग्रह) तथा मेरे सहचर::मेरे मित्र (रेखाचित्रात्मक संस्मरण), दो महीने बारह दिन (वैचारिक अनुच्छेद) लगभग सभी राष्ट्रीय पत्रिकाओं में रचनायें प्रकाशित एवं आकाशवाणी तथा दूरदर्शन से भी प्रसारण।

सम्मान : प्रगतिशील लेखक संघ, राजस्थान द्वारा महाकवि कन्हैया लाल सेठिया पुरस्कार, हिन्दी प्रचार समिति, श्रीडूंगरगढ़ द्वारा नन्दलाल महर्षि पुरस्कार, कथा संस्था, जोधपुर द्वारा नन्द चतुर्वेदी सम्मान, राजस्थान साहित्य अकादमी द्वारा विशिष्ट साहित्यकार पुरस्कार आदि। राजस्थान प्रगतिशील लेखक संघ से सम्बन्ध।

सम्प्रति : स्वतंत्र लेखन

बरसो रे मेघ

बादल बरसें जन मन हरसें
जीवन में आशायें सरसें
बाट जोहतीं अँखियाँ अनथक बरसो रे।

कड़कड़ गड़गड़ घरड़ घरड़ घर।
सपट सड़ाका धूम धड़ाका
दमक-दामिनी दिवस-यामिनी
जल-थल थल-जल एकमेक कर।।

पेड़ पात हो जायें लकदक बरसो रे।

नदी नाल सब लहर उफनतीं।
सर-तड़ाग डबरे सब भरतीं
तटबंधों को तोड़ वेग से होड़ लगें ज्यों
चहुँदिशी हो जलराशि उमगतीं।।

मिटें लोक के सारे पातक बरसो रे।

बरसू हे मेघ

बादर बरसए — लोक हर्षाए,
जिनगी में आशा मुस्काए।
बाट ताकैत नयन निराहो —
अनथक बरसऽ हे मेघा रे।।

कड़कड़, गड़गड़, घरघर ध्वनि —
सपट-सड़क, धम-धड़क,
दमकि रहल छै दामिनी —
दिन-रात, गगन-पात,
जल-थल, थल-जल
एहि वर्षा में एकमेव भऽ गेल अछि।।

तरुवर-पात होइत लदकलदक —
बरसऽ, हे मेघा रे।।

नदी-नाला सब उफनए लागल,
सर-तलाव, पोखरि सभ भरि गेल।
तटबन्ध टूटए — वेगक संग होड़,
चहुँदिशि उमड़ैत जलराशि —
जकर नहाइ में मोचन होए पापक।।

मेटा दिअ — लोकक
सभ गारथ, सभ कलंक —
बरसऽ, हे मेघा रे।।

पावस! पावस! तनिक और पावस रे मेघा!

तेरे पावसने से सबका हृदय पावसे
हास्य पावसे लास्य पावसे
स्वाभिमान और विनय पावसे
ढोलक की हर ताल पावसे
गीतों की लय-विलय पावसे
पावस! पावस! मत ले कुछ थावस रे मेघा!

रेत पावसे खेत पावसे
प्रिय के मन में हेत पावसे
दादा-दादी नाना-नानी
सब परिवार समेत पावसे
उजियारी पूनौं पावस! और पावस! तम मावस रे मेघा!

नदी पावसे नाल पावसे
धार पावसे ताल पावसे
कड़कड़ गड़गड़ की ध्वनि सुन-सुन
तटबंधों के पाल पावसे
तेरे पावसने से धमक धमाल पावसे
तेरे पावसने से मन में आये हरसावस रे मेघा!

पावस! पावस! तनिक और पावस रे मेघा!

पावस! पावस! तनिक आओर पावस रे मेघा!

तोहर पावससँ सभक हृदय पावस,
हँसी पावस, नाच–गान पावस,
गौरव आओर विनय पावस,
ढोलकक सभ ताल पावस,
गीतक लय–विलय पावस,
पावस! पावस! नहि ल' किछु थावस रे मेघा!

बालु पावस, खेत पावस,
प्रिय के मोन मे नेह पावस,
दादा–दादी, नाना–नानी,
सभ परिवार समेत पावस,
उजियारि पूनौं पावस! आओर पावस!
तम मावस रे मेघा!

नदी पावस, नाल पावस,
धार पावस, ताल पावस,
कड़कड़–गड़कड़क ध्वनि सुनि–सुनि,
तटबन्धक पाल पावस,
तोहर पावससँ धमक–धमाल पावस,
तोहर पावस सँ मोन आबै हरसावस रे मेघा!

पावस! पावस! तनिक आओर पावस रे मेघा!

गर्जन-तर्जन ही मत कर हाँ बरस
बरस कुछ और ज़ोर से।

मैदानों में बरस
खेत में बरस
मरुस्थल में भी जा।
तृषित भटकते
बीहड़ में उन
मृग–छौनों की
प्यास बुझा।।

सूखे में हरियाली ले आ
खुशियाँ लहकें पोर पोर से।।
बरस बरस कुछ और ज़ोर से।।

बरस गाँव और
ढाणी–ढाणी
बरस नगर हर बस्ती में।
मिट जायें
सारी घमौरियाँ
जन–जन झूमें
मस्ती में।।

धरती के आँचल में उपजें
हर्षित अंकुर नव–नकोर–से।।
बरस बरस कुछ और ज़ोर से।।

गर्जन-तर्जन हि नै कर' हँ बरस,
बरस, आओर जोर सँ बरस।

मैथिली अनुवाद

मैदानमे बरस,
खेतमे बरस,
मरुभूमिमे सेहो जा।
तृषित भटकल
बीहड़मे ओहि
मृग–छौना केर
प्यास बुझा।

सूखलमे हरियाली ल' आ,
खुशी लहके पोर–पोर सँ।
बरस, बरस, आओर जोर सँ बरस।

गाम–गाम आ
ढानी–ढानी,
बरस नगर आ सभ बस्तीमे।
मिटि जाउ
सभ घमौरिया,
जन–जन झूमे
मस्तीमे।

धरतीक आँचलमे उपजै
हर्षित अंकुर नव–नकोर सँ।
बरस, बरस, आओर जोर सँ बरस।

व्यक्तिगत परिचय

अशोक कुमार मिश्र

नाम	: अशोक कुमार मिश्र।
पिता	: श्री इंद्रदेव मिश्र।
जन्मतिथि	: 29.09.1965
जन्मदिन	: बुधवार
रक्त समूह	: बी पॉजिटिव
संपर्क सूत्र	: +91 9415393600
ईमेल आई डी	: akmishra2909@gmail.com
अकादमिक शिक्षा	: स्नातक (गणित प्रतिष्ठा)
व्यावसायिक शिक्षा	: डी.एन.वाई.एस. (प्राकृतिक चिकित्सा और योग विज्ञान में डिप्लोमा)
स्थायी पता	: भोजपंडौल, मधुबनी, बिहार - 847121
वर्तमान पता	: काशी, वाराणसी - 221005
सम्प्रति	: स्वतंत्र लेखन (समसामयिक आलेख, काव्य, हिंदी/मैथिली में भक्ति गीत), पठन पाठन, वोकल संगीत से अगाध प्रेम, साहित्य के प्रति अनुराग, समाज सेवा।
सेवानिवृत्ति	: प्रेरणादायक प्रशिक्षण (मोटिवेशनल ट्रेनिंग)
मूल उद्देश्य	: मानवीय मूल्यों का उत्थान और संरक्षण। रोगमुक्त समाज का निर्माण।

मंगलमय बारिश की बेला

मनमोहक हरियाली की ओट में
प्रकृति सजीव हो उठती है।
बारिश की बूँदें जब गिरती हैं आँगन में,
मन को अनंत ख़ुशियाँ मिलती हैं।

नाचता है मोर,
कोयल डाल पर गाती है,
मेघों का स्वागत करती सारी प्रकृति।

धरती ने सोलहों श्रृंगार कर रखा है,
बिजली की चमक संगीत बन जाती है।
माटी की भीनी महक
जीवन का अनुपम उपहार लगती है।

किसान की आँखों में
उम्मीद के दीप जलते हैं।
पवन की भीनी झोंकें
मन को मदमस्त कर देती हैं।

इंद्रधनुष जैसे नभ में पंख फैलाए –
रंग-रंग भावों से मन भीगता है।
ताल-तलैया झूम उठते हैं,
प्रकृति खिल उठती है।

"अशोक" का मन –
उल्लास और प्रेम से भर उठता है।

बरसातक शुभ घड़ी

हरियर चद्दर ओढ़ने लगैत अछि धरती,
प्रकृति के रूप गजबे निखरत अछि।
आँगन में टप-टप बरसैत बूँद
मन कँ सुखद एहसास दैत अछि।

नचैत अछि मोर,
कोयल टहटह गाबैत अछि,
घनघटा के स्वागत मे मगन प्रकृति अछि।

धरती सोलहो सिंगार केने,
बिजुरी चमकै संग संगीत झंकार दैत।
माटिक सुगंध –
जीवनक अनुपम सौगात बनि जाइत।

किसानक आँखि मे
उम्मीदक दीया जरैत अछि।
पवनक गुनगुन झोंका
हृदय कँ हरियर सपना दैत अछि।

इंद्रधनुष पाँख पसारि
सात रंग सँ मोहित करैत अछि।
झील-तलाब हर्ष सँ भरि उठैत अछि,
प्रकृति हँसि पड़ैत अछि।

"अशोक" केर मन
उल्लास सँ नहाइत अछि।

प्रियतम बिना बरसात

(संशोधित – 19 पंक्तियाँ)

बरसात की इस भीगी बेला में,
पलकों पर प्रिय मिलन की प्रतीक्षा है।
बौराई बदरी से बतियाता मन,
विरह की आग में चुपचाप जलता है।

रिमझिम बूँदों संग, बीती स्मृतियाँ
धीरे से आकर कुछ कह जाती हैं।
तन के कोनों में प्रेमरस फूटता है,
और मन बिजली-सा काँप जाता है।

नयन झरते हैं सावन की तरह,
भीतर कोई मोर नाच उठता है।
चहुँ ओर गूँजते पपिहा, दादुर,
प्रेम की पुकार हिय में मचता है।

सावन का यह श्रृंगारपूर्ण रूप,
तन-मन को मादक मद में डुबोता है।
पग-पग नेह की जाल बिछा,
बादल प्रिय की स्मृति दिलाता है।

नीर बरसता है, किन्तु हृदय
प्रिय बिना सूखी धरती हो जाता है।
अशोक मुस्काता बाहर, भीतर रोता है,
चमकती बिजली आश जगाती जाती है।

प्रिय बिना बरखा

बरखा केर ई भीजल बेला में,
प्रिय मिलन क आस अइछ।
बौराइत बदरी संग बतियाइत मोन,
बिरहक आगि में चुपचाप जरय।

टप-टप बूंद संग बीतल यादि,
नहू-नहू किछु कहि गेल।
तन क कोना-कोना में प्रीति फूटए,
मोन बिजुरी सन थर-थर काँपय।

नयन बहय साओन ,
भीतर कोनो मोर नाचए झूमि।
चारू दिसि पिहुक, डाहिनक रुनझुन,
प्रेम पुकार करए ह्रदय में गूँजि।

साओनक ई श्रृंगार रस रुप,
तन-मन डुबोए मादक रस में।
पग-पग बिछल नेहक जाल,
घन प्रिय के स्मृति दियाबैत अछि।

नीर तँ बरसए, मुदा ह्रदय
प्रिय बिना बिनजल धरती सन होए।
अशोक हँसए बाहर, भीतर रोए,
बिजुरी चमकए, आश झलकाए।

मधुमास सावन का आनंद

(संशोधित – 19 पंक्तियाँ)

बरखा में जब घनघोर घटा घिरती है,
मेघा गरजते हैं, रौनकें सी उतरती हैं।
सनसन चलती पुरबइया, मन मोहती,
सरिता उफनती, तन–मन भिगो देती।

रिमझिम फुहारें प्रेमिल आलाप छेड़तीं,
मन में मिलन की मृदुल आस उगती।
दादुर की टर्राहट, पपीहे की तान,
बिजली चमके, गगन करे गान।

झूमते वृक्ष, नाचते खग–वृंद,
कजरी मल्हार छेड़े सुरीला छंद।
श्याम घटा बरसे रस बरसाए,
सुगंधित धरा हर्ष जताए।

मन उपवन में प्रीत लहराए,
पिया मिलन की आस जगाए।
कोयल कुहके, बगिया मुस्काए,
नवपल्लव में रंग समाए।

कोहरे में लिपटी बरखा की छाया,
चेहरे पर मुस्कान की माया।
हरियाली कवि मन को भाए,
इन्द्रधनुष देख "अशोक" पुलकाए।

मधुमास साओन केर आनंद

जहन साओन में घनघोर बदरी छाय रहय,
मेघा गरजय आ रौनक झमकाय रहय।
सौंसौ करय पुरबैया, मोन हरषय,
सरिता उफनय, तन-मन भीजय।

रिमझिम फुहार प्रेमक गीत सुनाबय,
हिया में पिया मिलनक आस जगाबय।
दादुर टर्रय, पिक तान छेड़य,
बिजुरी चमके, आकाश नाद करय।

वृक्ष झूमय, चिरइया नाचय,
कजरी-मल्हार स्वर संग गाबय।
घनघोर घटा रस लुटाबय,
धरती हँसय, गंध बिखराय।

मोनक बगिया में प्रीति फूटय,
पिया मिलनक ललक जगाबय।
कोयली कुहुकय, बगिया सजय,
नवपल्लव रंग भरि दै।

कोहरा में लिपटल दृश्य मोहक,
मोन मुस्कान स्नेहसँ चहक।
हरियाली कविक मोन भाय,
इन्द्रधनुष देख "अशोक" पुलकाय।

व्यक्तिगत परिचय

डॉ. दीप्ति पटेल

जन्मतिथि	:	1979
जन्मस्थान	:	खरगोन (म.प्र.)
पति	:	डॉ. राजेश पटेल
शिक्षा	:	MBBS, DOMS
संप्रति	:	नेत्र रोग विशेषज्ञ
प्रकाशित पुस्तकें	:	अब तक तीन काव्य संग्रह प्रकाशित हो चुके हैं– 1) कच्ची पक्की कोशिशें, 2) इंद्रधनुष, 3) मौन का कोलाहल

बरसात का मौसम

बरसात का मौसम है
रात भर बरसती हैं बातें
बरसते हैं लम्हें
बरसती हैं मुलाक़ातें
सूखे हुए गुलाब की पत्तियाँ बरसती हैं
एक –एक पल में सौ सदियां बरसती हैं
कॉलेज की नोटबुक के
आख़िरी पन्ने के शेर बरसते हैं
फ़राज़,ग़ालिब,मीर और फ़ैज़ बरसते हैं
हरी भरी बेलों से
उदासी की पीली पत्तियाँ बरसती हैं
किताबों में छिपाकर भेजी गई
चिट्ठियाँ बरसती हैं
कमसिन आँखों की लजाई बरसती है
होठों के चुम्बन की गरमाई बरसती है
दोस्त के सामने की रुलाई बरसती है
पिता के हाथों की पिटाई बरसती है
बरसात का मौसम है
यादों की नदी उफ़ान पर है

बरखा के दिन

बरखा के दिन छै –
राति भर भीजल बात सभ,
टप–टप झहरैत समय,
भीजल भेंट सभक बौछार।

सुखायल गुलाब केर
पाँखुरी पलक सँ बिछैत अछि,
प्रत्येक क्षण में
सदी भरिक मोनक सुधि उमड़ल।

कॉलेजक नोटबुक सँ
अंतिम पन्ना पर लिखल शेर
बून्न–जेकाँ जहरैत –
फ़राज़, ग़ालिब, मीर आ फ़ैज़
बेमौसमक गप्प बनि झहरैत।

हरियर लतासँ
पीयर उदासी केर पात चूबैत,
किताब में छिपा क' पठाओल
ओ चुप्प चिट्ठी फिसलइत।

नवयौवन आँखिक लाज
पहिल बेर भीजल,
ओठक चुप्प गरमी
बेबस भ' छु लेलक।

संगिनी लग सिसकी भरल रुलाई
चुपचाप झहरैत,
बापक हाथक थप्पड़ वा छौंक
आजुक दिन स्मृति बनि बरसैत।

बरखा के दिन छै —
मोनक नदी आब उफान पर अछि,
आ हम सभ किछु बिसरि देबाक प्रयास में
प्रत्येक बून्न बनि ज़ी उठैत अछि एक बेरि फेर।

तेरी छुअन

बारिशें आती हैं,
जब भी
मेरी हथेली की लकीरें सारी
क्यारियाँ बन जाती हैं।

तेरी छुअन के बीजों से
निकल आते हैं नन्हे-नन्हे पौधे,
और हथेली पर खिल उठते हैं
असंख्य रंग-बिरंगे फूल।

तेरा स्पर्श इसी तरह
महकता रहेगा
जीवन भर।

तोहर छुअन

जखन अबैत अछि बरखा,
हमर तरहथ परक सभ लकीर
बनि जाइत अछि नान्ह,नान्ह किआरी।

अहाँके छुअनक' बीया
नहू-नहू उगय लगैत अछि
आ तरहथ पर
नन्हका-नन्हका पौधा फूटय लगैत अछि।

समय केर माटिक भीतर
अहाँके स्पर्श सँ भीजल
रंग-बिरंग फूल
सभ' मौसम में महकैत रहैत अछि।

अहाँके छुअन –
सुगंध जेकाँ
हमर अंतर में समायल
जिनगी भरि महकैत रहत।

क्लर्क

सिर उठाकर देखो तो फ़लक की जानिब,
काले अब्र, काली चाय की
चुस्कियाँ लेकर
कैसे सुस्ता रहे हैं।

कितनी अर्ज़ियाँ हैं मेज़ पर इनकी –
हरिया की अर्ज़ी
कि खेत सूखे पड़े हैं उसके,
और एक पिंकी की भी
कि घर में अब खाने को कुछ नहीं।

सरकारी दफ़्तर सा नज़ारा
लगता है मुझे ये,
बरसने के लिए इन्हें मैं
क्या रिश्वत भेजूँ?

किरानी

माथ उठाक देखू तँ गगनक दिस,
कारी बादर, कारी चाह
चुस्की लैत
केना आराम करैत अछि।

कतेक अर्ज़ी अछि मेज पर हुनकर –
हरिया केर अर्ज़ी
जे खेत सुखल पड़ल अछि ओकर,
आ एक पिंकी केर सेहो
जे घरमे आब खएबाक किछु नहि।

सरकारी दफ्तर जेकाँ नज़ारा
लगैत अछि मोनक,
बरसबाक लेल हिनका हम
की रिश्वत पठाउ?

व्यक्तिगत परिचय

प्रतिभा श्रीवास्तव अंश

शिक्षा	:	डबल एम ए हिंदी साहित्य, पी.जी.इन कंप्यूटर
पति का नाम	:	अनुज कुमार श्रीवास्तव
माता	:	श्रीमती गीता देबी
पिता	:	स्वर्गीय सुख नन्दन प्रसाद
पता	:	213/ सेक्टर 2, 'A' साकेत नगर,
पिन	:	462024
फोन नं.	:	9977588010
जन्म तिथि	:	01/03/1980
जन्म स्थान	:	छपरा, बिहार
व्यवसाय	:	कन्टेंट राइटर
प्रकाशित कृतियाँ	:	"आवरण शब्दों का" व ' 'एक थी अहिल्या' 'एकल काव्य संग्रह'
ऑडियो बुक	:	बातें सोलह श्रृंगार की
प्रकाशित पुस्तक	:	दर्जनों साझा संग्रह, एक सृजन समीक्षा
अन्य विवरण	:	महिला काव्य मंच....पूर्व प्रचार-प्रसार सचिव, पूर्व में, कायस्थ महा सभा दिल्ली पंजीकृत.....प्रदेश अध्यक्ष

सावन

सावन आकर भी जब
नहीं देता दस्तक उनके जीवन में,
तब भी
वो पहन लेती हैं हरी साड़ी,
हरी चूड़ियाँ, लगाती हैं मेहंदी,
थोड़ा हँस देती हैं,
थोड़ा ज़्यादा मुस्कुरा के।

कर लेती हैं पूरे सावन सोमवार के व्रत,
कि देवता प्रसन्न हों –
और सावन की भाँति ही
सब कुछ हरा-भरा रहे।

कोई जादू-टोना होता तो
वो भी कर लेतीं – वे स्त्रियाँ,
जिनके हिस्से का सावन
कभी बरसा ही नहीं...

सिर्फ हरिहर रंग ओढ़ लेने से
अगर सावन आ जाता,
तो नाम कर आतीं हरा रंग
उन स्त्रियों के नाम,
जिन्होंने सावन को
सिर्फ देखा है –
भोगा नहीं।

अफ़सोस...
कि हरिहर रंग धर लेने से
सावन नहीं आता।

साओन

(मैथिली अनुवाद)

साओन अबैतो
जखन ने दैत अछि दस्तक हुनकर जिनगी मे,
तखनहुँ
ओ पहिरि लैत छथि हरियर साड़ी,
हरियर चुड़ी,
लगबैत छथि मेहदी हाथ मे,
कनिक' हँसि दैत छथि,
आ कनिक' बेसी मुस्किया दैत छथि।

क' लैत छथि पूरा साओनक' सोमवारिक व्रत,
जाहि सँ देवता प्रसन्न रहथि,
आ साओन सन
सभ किछु हरियर-भरल बनल रहय।

जँ कखनो किछु जादू-टोना रहितय
त' ओहो क' लैतथिन –
ओ स्त्री सभ
जिनकर भाग्य मे साओन
कखनो ने बरसल अछि...

हरियर रंग ओढ़ि लेब' सँ
जँ आबि जाइतय साओन,
त' नाम क' दैतथि हरियर रंग
ओ स्त्री सभक नाम पर
जिनका साओन

देखल तँ अछि –
मुदा जीयल ने।

अफसोस...
हरियर रंग धरि नेने सँ
साओन ने अबैत अछि।

आषाढ़

अबकी आषाढ़ खूब बरसा –
इतना कि
अगर सावन ना भी बरसता
तो धरती को कोई फ़र्क न पड़ता।

आषाढ़ बरसा,
और खूब बरसा –
पर मन पर जमी
बालू, रेत, पत्थर तक
न पहुँच सका।

मन –
सूखकर
रेगिस्तान बन गया,
बंजर...
सावन तक।

कविताओं में तो
कहते हैं –
बारिश सब कुछ बहा ले जाती है
बहुत दूर तक...
पर मन का यह ठूँठ
अब टूटने लगा है,
कि कोई बहाव आए
और इसे भी बहा ले जाए।

आषाढ़ तो बरस ही रहा है –
बाहर भी,
और धीरे-धीरे
भीतर भी उतर आया है।

सावन अब भीतर कहीं है,
बहुत दूर।
आँखों का सावन
नहीं जानता
कि यह मौसम
आषाढ़ का है –
उसे ही बरसने दे।

सावन का क्या...
वो तो
उतर ही आता है
मौसम-बेमौसम –
आँखों में, जीवन में।

आषाढ़

मैथिली अनुवाद

एहि बेर आषाढ़ खूब बरसल –
एतबा जे
जँ साओन नैयो बरसैत
त' धरती के किछु फ़र्क़ नै पड़ैत।

आषाढ़ बरसल,
आ आर पार बरसल –
मुदा मोन पर
जमल बालू, रेत, आ पत्थर धरि
ओ पहुँचल नै।

मोन –
सुखाइत गेल,
रेगिस्तान बनि गेल,
बंजर –
साओन धरि।

कविता सभ कहैत छैथ –
"बरखा सब किछु बहा ल' जाइत छै"
बहुत दूर धरि...
मुदा मोनक ठूँठ
आब टूटऽ लगल अछि,
जे कखनो
कोनो बहाव आबि जाए –
जे ओहू के बहा ल' जाए।

आषाढ़ त' बरसिए रहल अछि –
बाहर सेहो,
आ नहू–नहू
भीतर सेहो उतरि गेल अछि।

साओन...
आब भितर कतहु अछि।
आँखिक साओन
नहि जानैत
जे ई ऋतु
आषाढ़ के अछि –
आ ओकरा बरस' दि'।

साओन...
ओ त'
उतरिए अबैत अछि
ऋतु होए या नै –
आँखिक कोना में, जीवनक छाँह में।

सबक

बारिश से पहले ही
वह चिंता बनकर आ धमकती थी।
बाबा परेशान हो उठते,
अम्मा चिंतित।

छत, खपरैल, दीवार की बदहाली पर
स्वयं को कोसते बाबा,
अम्मा से पूछते –
कि अबकी साल की मार
छत सह सकेगी कि नहीं।
और अम्मा,
भोलेबाबा पर सब छोड़ने की बात कह
उन्हें तसल्ली देती।

मेरे बचपन की बारिश
मुझे ज़रा भी न सुहाती।
कागज़ की नाव बनाने के बजाय
हम हर कोने में
बाल्टी, टब, जग आदि रख देते।
हर बरस
किसी नई जगह से टपकता पानी
हम सबको परेशान कर देता।

बारिश
उनके लिए भी सुखद न थी
जिनके घरों से ऊँची सड़कें होतीं।

यह बारिश
सबके लिए समान नहीं होती।

इसी बारिश ने सिखाया –
कि सिर पर बस छत होना काफ़ी नहीं,
छत का मज़बूत होना भी
बहुत ज़रूरी होता है।

सच कहूँ तो –
इन बरसातों से जीवन के
बड़े–बड़े सबक मिले।
कुछ बारिशें
बरसकर तो गुजर गईं,
पर अब तक बरस रही हैं
मन के किसी कोने मे।

सबक

मैथिली अनुवाद

बरखा अबै सं पहिने
चिन्ता बनिक' घुसि अबैत छल
बाबा उदास,
आ अम्मा बेचैन भ' जाइत छली।

छत, खपरैल आ दिवारक जर्जर हालत पर
बाबा अपनाकँ कोसैत
अम्मा सँ पुछैत छलखिन –
"एहि बेरक मारि
छत सहि सकत कि नै?"

अम्मा सब किछु
भोलेबाबा पर छोड़ि क'
हूनका धीरज देब' लगैत छली।

हमर बचपनक बरखा
हमरा कखनो नीक नै लगैत छलै।
कागजक नाव बनबऽ के बदला में
हम सभ जगह-जगह
बाल्टी, टब आ जग राखैत छलहूँ।

सभ साल
नवका कोनासँ टपकैत पैन
हमरा सभ के व्याकुल क' दैत छल।

बरखा
ओकरा लेल सेहो सुखद नै रहल
जिनकर घरक छत सऽ
ऊँच सड़क बनल छल।

ई बरखा
कखनोओ सब लेल एक्के जेकाँ नै होइत।

ई बरखा
हमरा सन लोक के ई गप्प बुझा देलक –
जे सिर पर छत होबऽ मात्रे सँ नै चलैत,
ओ छत के
मजबूत होबऽ सेहो बहुत जरूरी होइत छै।

साँच कहू तऽ
ई बरसात
हमरा जीवनक बहुत पैघ सबक सिखा देलक।

कतेको बरसात
बरसि क' चलि गेल –
मुदा आइओ धरि
ओ मोनक किछु कोनामे
बरसिये रहल अछि...

व्यक्तिगत परिचय

अर्चना मिश्र "अर्शी"

पति	:	जीवेश्वर मिश्र
सासु	:	स्वर्गीय अरुणा मिश्र
ससुर	:	स्वर्गीय डॉ. शैलेश्वर मिश्र
माता	:	प्रमिला झा
पिता	:	डॉ. भीमनाथ झा
शिक्षा	:	स्नातक
निवास स्थान	:	विष्णुपुर पूर्णियाँ
सम्प्रति	:	पठन पाठन आ लेखन
प्रकाशित	:	पत्र पत्रिका में रचना प्रकाशित
प्रकाशन	:	अरिपन (मैथिली कविता संग्रह)
मैथिली	:	वैश्विक पटल पर मैथिली कविता, जनकनंदिनी जानकी, मैथिली, मैथिलक आंगन, प्रबोधिनी पल्लव, ईजोत
हिन्दी	:	मुरलीधर, उड़ान, काव्य कुसुम, रंगोत्सव, प्रबोधिनी प्रवाह, नवसृजन, स्वर प्रवाह, सृजन के स्वर, सृजन पथ।
ई मेल	:	jhaarchana1973@gmail.com

सावन की खुशियां

सावन की खुशियां रंगीली
पुरवइया बदरि के संग चली
सब मिल नाचे छमछम
उमर घुमर कर काले बादल
बदल रहा रंग रूप
प्रकृति कि अनुपम छटा।

सावन की खुशियां रंगीली
आया सावन संग सखियों की टोली आई
घर घर खुशियां ही खुशियां छाई
मौसम ने ली अंगराई।

सावन की खुशियां रंगीली
हाथों में सजी हिना की लाली
कौन सी मजबूरी ये सावन में भी दूरी
पल पल सताएं याद तेरी
हरी हरी चूड़ियां सजी है कलाइयां
वदन पे लिपटी है साड़ी लता सी।
सावन की खुशियां रंगीली
सुखी ताल-तलैया भी नाव चलाए
पुरवइया दिल हाय मचल जाए
बरखा की बूंदों का स्पर्श जादू सा छाए।

सावन की खुशियां रंगीली
अंग अंग मचल रहा है पिया मिलन को
प्रीत लगाई जो तुम से

निकल रहा गीत प्रेम का हृदय से
प्रकृति कि कन –कन मे खुशियां ही खुशियां।

सावन की खुशियां रंगीली
पपीहा के स्वर कानों में गूंज रही
साजन आए सावन में
मन मयूर नाचे मन में
झुनझुन बाजै पाजैब
सावन की खुशियां रंगीली
सावन की खुशियां रंगीली ।

साओनक' खुशी

साओनक खुशी –
पुरवइया बहए बदरीक संग,
सभ मिलि नाचए – छनछन गूँजए,
घुमड़-घुमड़ उमड़ए कारी बादर,
रंग बदलए रूप बदलए –
प्रकृतिक अनुपम छटा सजए।

साओनक खुशी – रँग-बिरंगी,
आएल साओन – संग सखिनक टोली,
घर-घर फइलल मुस्की-खुशी,
ऋतु लेलक अंगड़ाइ हँसी-ठिठोली।

साओनक खुशियाँ – रँग-बिरंगी,
तरहथ पर सजल मेंहदी के लाली,
मुदा ई केहन मजबूरी –
साओन में दूरी!
छन-छन अहाँके याद सताबए,
हरियर चूड़ि सँ सजल कलाइ,
लताक समान लिपटल वसन –
बदलि-बदलि मोनके साज सजाए।

साओनक खुशी रंग बिरंगी
सूखल ताल तलैया में नाव चलय
पुरवइया में मोन मचलि जाय
बरखा के बुन्न क' छूअन जादू जगाय।

साओनक खुशियाँ – रँग-बिरंगी,
पपीहाक' सुर कान में गूंजय
साजन आओल साओन में
मोन मयूर नाचय मोन मे
झुनझुन बाजय पाजेब
साओनक खुशी रंग बिरंगी
साओनक खुशी रंग बिरंगी।

बर्षा

कहीं घनघोर घटा बादल
कहीं रिमझिम रिमझिम हो रही है बर्षा
कही सुना रहे खुशी के गीत
कहीं बंजर भूमि पर फूल खिलते
सात रंग से सजा अम्बर
प्यासी धरती को प्यास बुझती
कभी गरज कर भी नहीं बरती
तो कही बिन गरजे भी बरस जाती
रह- रह कर नज़र जाती काले -काले बदरि पर
आश लगाएं बैठे हैं
ये पावन मास सावन में
भरा है उमंग मन में
क्या तृप्त होगा बर्षा से किसानों का धान ?

बरखा

कतहु घनघोर घटा बादर,
कतहु रिमझिम रिमझिम बरसए बरखा।
कतहु सुनाए हर्षक गीत,
कतहु बंजर धरती पर फुलवा खिलए।

सात रंग सँ सजल अंबर,
पियासल धरतीक तृषा बुझाबए।
कखनो गरजि कऽ बिन बरसने रहि जाए,
आ कखनो चुपचापे बरसि जाए।

बेरबेर तकैत छी कारी-कारी बदरी दिस,
आशा सं बन्हल मोन —
एहि पावन साओन मास में
भ' गेल अछि उत्साह सँ भरल हृदय।

मुदा...
की तृप्त होएत किसानोंक धान
ई बरखा सँ?

आया सावन

आया सावन झूमकर
बारिश की बूंद बनकर
भोले -भोले रटते -रटते
संग -संग मन डोले
छूट गया जंगल निर्जन वन
छूटा पहाड़ नदी नाला चलते- चलते ।

आया सावन झुमकर
बस एक आस लगाकर
किसने देखा कौन जानता
तड़प रहा मेरा मन
तेरे दर्शन को हाथ लिए गंगाजल
सजाकर डाली फूलों से
आई हूं मैं बड़ी दूर से ।

आया सावन झूमकर
संग -संग बादल को लेकर
लगा बरसने पानी छम्म-छम्म
जैसे हो संगीत का सरगम
बोल रहे हैं दादुर टर टर
झिंगुर बजते झमझम ।

आया सावन झूमकर
मन कुहू- कुहू सुनकर
ऋतुएं को जीने को
मौसम को निहारने को

धरती को लता ओढ़ाने को
अपने भोलेनाथ से नजरें मिलाने को
मन मचल रहा है
आया सावन झूमकर
आया सावन झूमकर।

आएल साओन – झूमि कऽ

आएल साओन – झूमि कऽ,
बून्न-बून्न बनि बरसि कऽ।
भोला-भोला जपैत –
संग-संग डोलए मोन,
छूटि गेल निर्जन जंगल,
छूटल पहाड़, नदी, नाला –
बाट पर चलैत-चलैत।

आएल साओन – झूमि कऽ,
बस्स एक आस लऽ कऽ।
के देखलक? के बुझलक?
हमर मोन – तड़पैत अछि!
अहाँके दर्शन लेल –
तरहथ मे ल'गंगाजल,
फुलवा सँ सजल डाली –
दूर सँ आयल छी, हे भोला!

आएल साओन – झूमि कऽ,
बादर के संग-संग लऽ कऽ।
बरसए लागल पानि – छम-छम!
जेंना कोनो सरगम बाजए।
दादुर बाजए – टर-टर,
झिंगुर बाजए – झम-झम!

आएल साओन – झूमि कऽ,
मोन मचलि – कुहू-कुहू सुनि कऽ।

ऋतु के जीबाक लेल,
मौसम के निहारबाक लेल,
धरती के लता-परिधान पहिराबऽ लेल,
भोलेनाथ सँ नजरि मिलाबऽ लेल –
मोन मचलल, मोन डोलल!

आएल साओन – झूमि कऽ...
आएल साओन – झूमि कऽ।

व्यक्तिगत परिचय

अनिता सिंह

जन्म : 04/12/1978

शिक्षा : स्नातक

संप्रति : अध्यापन

पुस्तक : प्रकृति और नारी (2023), जो भारत सरकार के राजभाषा विभाग द्वारा विभिन्न पुस्तकालयों एवं कार्यालयों के लिए खरीद हेतु चयनित हुआ है।

साझा संग्रह : काव्य वाटिका सहित कई पत्र, पत्रिकाओं में रचनाओं का प्रकाशन।

पता : ग्रा.-कुशमाहा, पोस्ट-नोनी, प्रखण्ड-सारठ,

जिला : देवघर, पिन-815354 (झारखण्ड)

ई मेल : anitasingh89651@gmail.com

सावन के रूप

किसी के लिए सुहावना मौसम,
किसी के लिए हरी-हरी चूड़ियां
हरी बिंदी और....
हरा परिधान है सावन!

जेठ की तपती धूप में झुलसे,
गर्मी से जो बेहाल हो चुके...
उनके लिए राहत भरी साँस और,
ठंढक भरा आराम है सावन!

किसानों के लिए हल- बैल,
बीजों की रोपनी और...
खेतों में दिन- रात काम के संग,
खुशियों भरा अरमान है सावन!

गरीबों के लिए आफ़त भरे दिन...
झोपड़ी से पानी का चूना,
बच्चों के संग दुबककर रात बिताना और...
अनेक कष्टों का फ़रमान है सावन!

घर से बाहर जाते हैं जो रोज काम पर,
दर- दर फ़िरते हैं रोज़ी रोटी के लिए...
ऐसे फेरीवालों और मजदूरों के लिए,
कामों में अक़्सर व्यवधान है सावन!

मासूम बच्चों के लिए...
बारिश में भींगकर मज़े उठाना,
घर में डाँट पड़े तो बहाने बनाना...
सच, बचपन- सा नादान है सावन!

सावन के भले ही रूप हो कितने,
पर धरती पर जो लाए हरियाली...
जिसके आने से धरा ले अंगड़ाई,
प्रकृति का वो अनमोल वरदान है सावन!

साओनक रूप

केकरो लेल ई सुहावन ऋतु –
केकरो लेल हरा-हर चूड़ि,
हरियर टिकुली
आ हर रंगक लता सन साड़ी –
साओन!

जेठक झँझरा में जरल जे –
ताप सँ बेहाल भेल जे –
तिनकर लेल राहतक साँस,
छाँह सन चुप्प विश्राम –
साओन!

कृषक लेल –
हल-बैल संग बीज रोपनी,
दिन-राति खेतक मेड़ पर
घाम संगे बन्हल उमंग –
साओन!

गरीबक लेल –
आफत भरल किछु दिन!
टपकैत छप्पर सँ टप-टप पानि,
बच्चा लग सटिकै राति बितेनाय,
कष्टक फर्मान लऽ अबैत –
साओन!

रोजी–रोटीक ध्याव में
जे घर सँ निकलैत छथि रोज –
फेरीवाला, मजदूर –
काजक बीच अबैत विघ्न–वाधा –
व्यवधान अछि साओन!

नान्ह मासूमक लेल –
भीजल भीजल खेलक मजा!
माएक डाँट पर बहानाक बौछार,
सत्ते, बचपन सन नादान अछि –
साओन!

साओनक भनेहि रुप अछि कतबो –
तथापि धरती पर जे लऽ अबैत हरियाली,
जेकर अएलासँ धरणी लेइत अंगड़ाइ –
प्रकृतिक ओ अनुपम उपहार –
साओन!

सखी री बोल जरा...

रिमझिम रिमझिम मेघा बरसे,
व्याकुल से मेरे दो नैना तरसे!
चहुँ ओर फैल गई हरियाली,
मेरे उर में क्यों छाई है तन्हाई!
सखी री बोल ज़रा...

सुन्दर सुहावन नवीन भोर से,
गूँजी धरा पंछियों के शोर से!
शीतल- मंद चली जो पुरवाई,
तन मन में क्यों आग लगाई!
सखी री बोल जरा...

कल कल कल नदियाँ बहती,
रुकना न कभी हमसे कहती!
जीवन की यही तो है सच्चाई,
फिर क्यों रही मैं यूँ सकुचाई!
सखी री बोल जरा...

पुष्प सज्जित राहें त्यागकर,
पग बढ़ाऊँ शूलों के पथ पर!
नव चेतना मेरे मन में है आई,
रुत में भी है क्या मस्ती छाई!
सखी री बोल जरा...

सखि हे! किछु कहू न...

रिमझिम रिमझिम बदरी बरसए,
दूध-धार सन पानि झरझर सरसए!
सगरो फइलल हरियर छाँव –
हमर नैना कियैक छथि तड़पए?
सखि हे! किछु कहू न...

सुन्नर भोरक नव श्रृंगार,
पंछीक कलरव सँ गुँजल संसार!
शीतल पवनक मधुर पुरवइया –
एहि तन-मन में कियैक उठल अंगार?
सखि हे! किछु कहू न...

कल-कल-कल बहए नदी –
रुकए नै, कहए "बहू तूँ एही रीति!"
जीवनक इएह तऽ निःसृत सच्चाई –
फेर कियैक हम रहि गेलहुँ संकुचित?
सखि हे! किछु कहू न...

फूल सँ सजल बाट छोड़ि,
कियैक बढ़ाऊँ पग शूलक ओर?
नव चेतना मोन में जागल अछि,
की ई रुतो में किछु मस्ती छोरि?
सखि हे! किछु कहू न.

अद्भुत दृश्य मौसम के

जब काले-काले मेघा छाए अंबर पे
जब टिप-टिप बूंदें बरसे बादल से
जब रुन-झुन घंटी बजे बैलों के गले से
जब झूम उठे मन हर खेतिहर का
अहा! अद्भुत दृश्य ये सारे मौसम के...

जब असंख्य प्रेमियों का जोड़ा उतरे खेतों में
जब दुल्हन के पांव सजे कीचड़ की महावर से
जब माटी बनके मेंहदी महके गोरी के हाथों में
जब थिरक-थिरककर सारे, प्रेम बीज डाले मिट्टी में
अहा! अद्भुत दृश्य ये सारे मौसम के...

जब मेहनत की फसलें लहलहाने लगे खेतों में
जब पूरे हो मन्नत बच्चे, बूढ़े और जवानों के
जब धरती दुल्हन-सी सजे, खुशी झरने लगे अंबर से
जब आत्मतृप्ति का बोध होने लगे किसानों में
अहा!अद्भुत दृश्य ये सारे मौसम के...

अद्भुत दृश्य – ऋतु के रंग में

जखन कारी–कारी बादर छ्यल आकाश में,
जखन टिप–टिप बून्नी बरसए गगनक कछार सँ,
जखन बरदक गलासँ बाजए रुन–झुन घंटी,
जखन खेतक कात–कात पर
सभ किसानक मोन झूमए –
अहा! अद्भुत दृश्य – ऋतु के ई रंग!

जखन प्रेमी युगल उतरए खेतक भीजल माटि में,
जखन वधूक पएर सजय – थालक'(कीचड़)महावर सँ,
जखन माटि बनि जाय मेहँदी – सुन्नरि हथेली पर,
जखन थिरकि–थिरकि प्रेम बीज बिया जाए माटि में –
अहा! अद्भुत दृश्य – ऋतु के ई स्पर्श!

जखन मेहनतक फसल लहलहाए खेतक हर धार में,
जखन बूढ़, बच्चा, जवान – सभक मनोकामना पूर्ण होए,
जखन धरती सजए दुल्हिन सन,
अम्बर सँ बरसए खुशीक झरना,
जखन आत्म–तृप्ति झलकए किसानक नयन में –
अहा! अद्भुत दृश्य – ऋतु के ई वंदना!

व्यक्तिगत परिचय

रोमा झा

जन्म	: भागलपुर
निवास	: लोअर परेल बाम्बे महाराष्ट्र
शिक्षा	: एम एससी एम ए (संगीत) पूर्व प्रिंसिपल आक्सफोर्ड हाईस्कूल वड़ोदरा, गुजरात।
वर्तमान में	: लेखन

उदास मेघ

गुरु पूर्णिमा

दिनांक: 9-7-25

वहीं जाकर बरसों रे मेघ,
ड्योढ़ी पर जिनको मिलता है
बेटा-बिटिया को समान स्नेह — वहीं...

फिर घिर-घिर कर तुम आना,
घुमड़-घुमड़ कर औ उमड़ कर,
काले स्याह गगन कर देना।
याद करे जब कोई बिटिया,
अपने मा-बाबा का स्नेह — वहीं जाकर।

वह आँगन वाली संझा फूल,
खिलती थी पर मुझको गई भूल।
अपनी ड्योढ़ी, वो चौबटिया,
रो-रो याद करे तेरी बिटिया।

पापा के पीछे घूर-घूर करना,
मा के आँचल में उसकपुषक करना,
दादी के आदेश तामील करना,
दौड़ फूलवारी से फूल बिछाना।

यहीं बचपन था, सभी पास थे।
आईं फुहारें, तो भुट्टे ख़ास थे।
यूँ पल में स्वप्न-सा बिखर जाना।
ऐ मेघ! तू बरसा दे, फिर नेह
जहाँ संबंधों की गर्मी हो
और भरा हो स्नेह।

उदास मेघ

गुरु पूर्णिमा

तिथि: 9-7-25

ओहि ठाम जाकय बरसहक हे मेघ,
जाहि ठाम ड्योढ़ी पर बेटा-बिटिया के
मिलै छै सम सनेह — ओहि ठाम...

फेर घेर-घेर क' आब,
घुमड़-घुमड़ क' आउ उमड़ि क',
क' दिह कारी गगन स्याह।
याद करय जखन कोनो बिटिया,
अपन माय-बाबा के सनेह — ओहि ठाम जाके।

ओ आँगनक संझा फूल,
खिलैत छल मुदा हमरे लागल बिसरै।
अपन ड्योढ़ी, ओ चौबटिया,
कानि -कानि कै' तोहर याद करय बिटिया।

पापा के संग घुर घुर करब हेतई,
माय के आँचल में सटि क' रहब,
दादीक कहब मानब,
फूलबारी सँ दौड़ि फूल तोड़ब, बिछाब।

यैह छल बचपन, सभ गोटे लग मे।
अएल फुहार, त' भुट्टा खास छल।
एना एक्के पलक में स्वप्न जेकाँ बिखरि जेनाइ।
हे मेघ! अहाँ बरसा दिह, फेर नेह

जत' संबंधक उष्मा होअय,
आ भरल होअय सनेह।

बसविट्टा

बसविट्टा से निकली पगडंडी,
झुरमुट में है अंधेरा घुप्प।
बेसिक स्कूल पढ़ने जाते –
मीरा, बेबी और अनूप।

अरी लक्ष्मी! तुम क्यों चुप हो?
देखो झिंगुर बोले तिरतिर।
भींगा विनय थर–थर काँपता,
बरस रही आद्रा झिरमिर।

भींगा बस्ता, किताब, कापी,
फिर भी भागकर घर जाते हैं।
लड़के–बच्चे उछल–उछलकर,
दूर जाते हैं नदी पार से।
पढ़ने बच्चे अपने गाँव – नगरपार से।

बसविट्टा

बसविट्टा सँ निकलल पगडंडी,
झुरमुट में छै अन्हार घुप्प।
बेसिक स्कूल पढ़य जाथि –
मीरा, बेबी आ अनुप।

हे लक्ष्मी अहा किये चुप छी?
देखू झिंगुर बाजय तिर-तिर।
भीजल विनय थर-थर काँपय,
बरस रहल अछि आद्रा झिर-झिर।

भीजल बस्ता, किताब, कापी,
तइयो दौड़ि क' घर चलि अबय।
लड़का-बच्चा उछल-उछलि क',
दूर जाय छै'नदी पार सँ।
पढ़य बच्चा अपन गाम – नगरपार सँ।

मनभावन सावन सखी

उमड़ घुमड़ कर बरसे घन
नाचे उठा मन मयूर तन
हर पत्ता हर बूटा देखो
ज्यों करते हों देखो नर्तन

सखी आया मनभावन सावन
आओ झूला झूलें सखी संग
हर पत्ते पत्ते औ घास पे
देखो छाया हरा रंग

सखी आया मनभावन सावन
अब रुनझुन रुनझुन पायल की
बूंदों के संग होगी गुनगुन –गुन
खिला खिला सा चहुँओर सुमन है
झूम रहा है मेरा मन
सखी आया मनभावन सावन।

मोनभाओन साओन
सखि

उमड़ि घुमड़ि बरसै मेघ,
नाचि उठल मोन–मोर तन।
हरि पात, हरि बूटा देखु,
जेना करैत हो नर्तन।

सखि! आबि गेल मोनभाओन साओन,
आबू झुला झुलि सखि संग।
सभ पात–पात आ घास पर,
देखु छायल हरियरी रंग।

सखि! आबि गेल मोनभाओन साओन।
आब रुनझुन रुनझुन पायल केर,
बून्नक संग होयत गुनगुन –गुन।
खिलल–खिलल चारू दिसि सुमन,
झूमि रहल अछि मोर मन।

सखि! आबि गेल मोनभाओन साओन।

व्यक्तिगत परिचय

कश्मीरा सिंह

साहित्य एवं समाज सेवा

जन्म : 05/12/1959 पूर्णिया

बचपन : दुमका (संताल परगना)

उच्च शिक्षा : सुन्दरवती महिला महाविद्यालय भागलपुर (इतिहास प्रतिष्ठा)

स्नातकोत्तर : मानवाधिकार

प्रकाशित पुस्तकें : 1. स्वतन्त्रता सेनानी स्वर्णलता देवी : एक महान् विरासत, जानकी प्रकाशन -2016, 2. नई राह की तलाश (काव्य संग्रह) निकष प्रकाशन - 2019, 3. सृजन सारथी अमियनाथ चटर्जी (व्यक्तित्व और कृतित्व) सारव प्रकाशन -2019, 4. 'कर्ण' महाकाव्य का अन्तरलोक (महाकाव्य कर्ण : एक समीक्षा) सारव प्रकाशन -2022।

अनूदित कृतियाँ : 1. 'सत्ती बोदी' (अंगिका से हिन्दी अनुवाद) लेखक डॉ. अमरेन्द्र अंगिका संसद, भागलपुर -2023, 2. 'कनौजिया काका' (अंगिका से हिन्दी अनुवाद) लेखक डॉ. अमरेन्द्र, निकष प्रकाशन -2025, 3. 'जटायु' (अंगिका से हिन्दी अनुवाद) लेखक डॉ. अमरेन्द्र, निकष प्रकाशन -2025, 4. "समय साक्षी है" उपन्यास, प्रकाशनाधीन, 5. अंगिका लेखिकाओं की कलम से - प्रकाशनाधीन।

स्थायी पता : ग्राम -साधपुर, प्रखण्ड -गरखा, जिला -छपरा, बिहार

पत्राचार का पता : श्री भूपेन्द्र सिंह, डॉ. हराधन बसु लेन, भगवान् बजार छपरा, सारण - 841301

सखी री सावन आया है मनभावन आया है

छाया है बदरा घनघोर
बढ़ा रहा तमस का छोर
रह रह कर बिजली चमकती
मेढ़क करता टर्र टर्र शोर
सखी री सावन आया है ....

फैल गई है विटप लताएं
फैला हरियाली का कोर
देख धरा की हरित छवि
नाचा सबके मन का मोर
सखी री सावन आया है............

गाँवों में भी कहाँ कमी है
हरी चूड़ियाँ खूब जमी है
पानी पानी हुआ शहर है
खेतों में भी खूब नमी है।
सखी री सावन आया है मनभावन आया है।

रोज हुई हैं पिया से बातें
कट जाती हैं लम्बी रातें
मोबाइल ने मिटा दी दूरी
देकर वीडियो की सौगातें
सखी री सावन आया है.........!

सखी हे, साओन आबि गेल अछि, मोन भाओन आबि गेल अछि

छा गेल अछि घनघोर बदरिया,
कनकनी अन्हार बढ़ा रहल चहुँओर।
कखनो–कखनो बिजुरी चमकैत,
मेंढ़क करै टर्र–टर्र ककरार।
सखी हे, साओन आबि गेल अछि...

फइलि गेल अछि बेल–बनलता,
हरियर चूनरि ओढ़ने गाछ–पात।
धरतीक सुन्नर हरित छवि देखि,
मोनक मोर झूमि उठल घोट–घोट।
सखी हे, साओन आबि गेल अछि...

गामो में अंगना, चौक–आँगन,
हरी चुनरी, हरी चूड़ि में मुस्की।
नदी, पोखरि, आ खेत शहरि सभ,
पैन पैन भ'गेल अछि।
सखी हे, साओन आबि गेल अछि, मोन भाओन आबि गेल अछि....

प्रतिदिन होइत अछि पति सँ गप्पसप्प ,
कटि जाइ छै नमहर राति।
मोबाइल मेटा देलक दूरी,
द'क'वीडिओ क' सनेश ।
सखी हे, साओन आबि गेल अछि...

बोलो महादेव की जय

हर हर बम के महोच्चार से
गूँज उठी बाबा की नगरी
बूढ़े बच्चे चले जा रहे हैं
गङ्गाजी से भरकर गगरी
बोलो महादेव की जय।

बोल बम का लगाके नारा
कट जाएगा रस्ता सारा
नीचे पांवों में छाले हैं
ऊपर सावन की है धारा।
बोलो महादेव की जय ।

पाप ताप हर लेतीं गङ्गा
शाप रहित तन मन है चंगा
रोज चढ़ाओ जल की धारा
शमित करें शिव मन का दंगा।
बोलो महादेव की जय।

भांग धतूरा बेल पताई
शिव को खुश कर लेना भाई
नहीं चाहिए व्यंजन छप्पन
थोड़े में है शिव की बड़ाई।
बोलो महादेव की जय ।

बोलू महादेव केर जय

हर हर बम केर उच्चारण सऽ
गूँजि उठल बाबा केर नगरिया
बूढ़-पुरनिया आ बाल-बच्चा
गङ्गाजल भरि उठेलथि गगरिया।
बोलू महादेव केर जय।

"बोल बम" केर नारा लगाबी,
कटि जैत पथ केर सगरो बाधा,
पैरे में छाला पड़ल छै,
ऊपर छँटैत साओन केर शपथ।
बोलू महादेव केर जय।

पाप-ताप हरय गङ्गा मैया,
शुद्ध करय तन आ मोन,
प्रतिदिन चढ़ाउ जलधारा शिव पर,
मोनक दंगा होय शमन।
बोलू महादेव केर जय।

भांग, धतूरा, बेल-पत्ता,
एहि सऽ शिव भए जाइत सन्तुष्ट,
नै चाही छप्पन भोग अर्पण,
कनियो में होइत महिमा विशिष्ट।
बोलू महादेव केर जय।

अति पावन है सावन मास

गर्मी से व्याकुल धरती की
प्यास बुझाने आता है
फटी हुई दरारों को भी
क्षण में भर जाता है।

सूखे मुरझाए पौधे फिर
ताजा हो खिल उठते हैं
छिपे बीज माटी के भीतर
अंकुरित हो उग जाते हैं ।

बूंदों की यह नृत्य भंगिमा
और मेघों का गर्जन तर्जन
चमक के अपना रूप दिखाती
चपला का है क्षणिक जीवन।

हरियाली से भर देती है
धरती का सूखा आँचल
जाने कितने रूप बदलता
आवारा मनमौजी बादल।

पानी का मौसम है सावन
खेतों को देता है जीवन
धन धान्य से भर जाता है
खिल उठता कृषकों का आनन ।

अति पबित्र छै साओन मास

(मैथिली अनुवाद)

गर्मी स' व्याकुल धरतीक
पियास बुझेबऽ अबैत छै,
फाटल-फुटल दरारि सभ
क्षण में चान्हि सँ भरैत छै।

सूखल मुरझायल गाछ-पात
पुन: ताजा भ' फुलैत छै,
माटि में लुकायल बीज
अंकुर बनि क' उमैरैत छै।

बून्नि सभक नृत्य-भंगिमा
मेघक गर्जन-तर्जन संग,
चमकल चपला एक झलक
जकर ज़िनगी छनि भरि रंग।

हरियाली सँ भरि दैत छै'
सूखल आँचल धरा के,
नहि जानि कतेक रुप बदलैत छै
आवारा मनमौजी बादर।

पैनक' ऋतु अछि साओन
खेती कँ दैत नव जिनगी,
धन- धान्यसँ भरि जाइत
कृषक केर हर्षित आनन।

व्यक्तिगत परिचय

डॉ. मीतू झा

जन्मस्थान : पटना (बिहार)

पति : Dr. R.K.JHA

शिक्षा : M.A. (Hindi& sanskrit) LNMU, M.phl., Ph.D. JNU Delhi

संगीत प्रभाकर : प्रयागराज संगीत समिति (इलाहबाद)

उपाधियाँ : ज्योतिष विशारद/ ज्योतिष ऋषि/महाऋषि ज्योतिषाचार्या।

विशेषज्ञता : हस्तरेखा/मुखमण्डल-रेखा विशेषज्ञा।

सम्मान : भारतीय विद्या भवन, चंडीगढ़ (पंजाब)

साझा काव्य संग्रह : 1.काव्य कुसुम, 2.काव्य कलश, 3.रंगोत्सव, 4.नव सृजन, 5.सृजन पथ

लघुकथा संग्रह : 1.इजोत

प्रकाशित : विभिन्न पत्र पत्रिकाओं में रचनाएँ प्रकाशित।

मेघदूत

मेघ तुम वही हो ना?
प्रसरित धरा से व्योम तक,
धरती से गगन तक
तिर्यक सप्तरंगी इन्द्रधनुषी
छटा अभ्रित व्याप्त दिग्दिगंत
के छोर तक!
मेघ तुम वही हो ना?
वसुधा उन्मीलित नयनों से
निहारती जिसे?
महाकवि कालिदास समशब्द-शिल्पी,
खण्ड काव्य में तराशते जिसे?
"मेघदूतम्" केमहानायक संदेशवाहक?
मेघ तुम वही हो ना?
कवि के कोमल- कमनीय, मसृण
भावों के संवाहक;
कवि की प्रखर विद्वता, शब्द-लालित्य
व अलौकिक मानवीयकरण ने तुम्हारा
अपूर्व जिस रंग रुप को निखारा!
मेघ तुम वही हो ना?
बने चिर-अविस्मरणीय "दूत"
युग- युगान्तर तक जनमानस के
मानस पटल पर, बनकर रहोगे,,,
खण्ड काव्य सौष्ठव के जीवंत
प्रतिमान और अद्भुत संदेशवाहक!!
मेघ तुम वही हो ना?

मेघदूत

मेघ! अहाँ वैह छी नै?
प्रसरित धरती सँ व्योम धरि,
धरती सँ गगन धरि
तिरछा सप्तरंगी इन्द्रधनुषी
छटा सँ आबद्ध दिगन्तक
छोर धरि!
मेघ! अहाँ वैह छी नै?

वसुधा उन्मीलित नयन सँ
जिनका निहारैत अछि?
महाकवि कालिदास सम शब्द-शिल्पी,
खण्ड-काव्यमे तराशल जिनका?
"मेघदूतम्"क महानायक, संदेशवाहक?
मेघ! अहाँ वैह छी नै?

कवि केर कोमल, कमनीय, मसृण
भावक संवाहक;
कवि केर प्रखर विद्वता, शब्द-लालित्य
आ अलौकिक मानवीकरण सँ
जे अपूर्व रंग-रूपमे अहाँक निखारल!
मेघ! अहाँ वैह छी नै?

बनल चिर-अविस्मरणीय "दूत"
युग-युगान्तर धरि जनमानसक
मानस-पटल पर, बनि रहब अहाँ...
खण्ड-काव्य सौष्ठवक जीवंत
प्रतिमान आ अद्भुत संदेशवाहक!!
मेघ! अहाँ वैह छी नै?

रिमझम फुहार

सुदूर धरा और आकाश का
सुदीर्घ मिलन दृष्टिगोचर
क्षितिज के छोर पर,
जहाँ कालिमा आच्छादित
मेघमालिकाएँ थीं अवस्थित,
और आकुल-अधीर ले आने को
बादलों संग मौसमी नूतन बहार!
पुन: धरती पर छाएँगी खुशियाँ,
चहुँओर हरियाली होंगी अपार!
हरीभरी हरीतिमा-शोभित,
सौंधी सुवासित बयार!
वसुन्धरा नव-दुल्हन सी,
बलखाती, शर्माती खड़ी,
ओढ़े धानी चुनर,
कर सजधज सोलहश्रृंगार!
सर्वत्र रसवंती मौसम के आगमन
की दस्तक, व हर्षोल्लास संग
परिवर्तित रुत का हो रहा प्रसार!
तृषित वसुधा भी, चातकी-सी
मेघ को सतृष्ण,अपलक रही निहार!
दग्ध गात शीतल करने घरा के
हृदयस्थ अनुगूँजित यह विचार!
कब आएगी स्नेह-सिंचित,
प्रियतम के मधुर स्पर्श सदृश
रिमझिम फुहार?

रिमझिम फुहार

सुदूर धरती आ आकाशक
दीर्घ मिलन, दृष्टिगोचर
क्षितिजक ओहि छोर पर—
जतय कालिमा सँ आबृत्त
मेघमालिका छल अछि अवस्थित,
आ आकुल-अधीर,
बादर संग आनय लेल
ऋतु क' नूतन बहार।

फेर धरती पर छाइत खुशी,
चारू दिशि हरियाली अपार;
हरितिमा सँ आबद्ध,
सौंध-सुगंध बिखेरैत बयार।

वसुन्धरा नव-दुल्हिन जेकाँ—
बलखाइत, लाज करैत ठाढ़,
ओढ़ने धानी चुनर,
सजि-संवरि केने सोलह श्रृंगार।

सर्वत्र रसपूर्ण ऋतुक आगमनक दस्तक,
हर्षोल्लास सँ भरल रुतक प्रसार;
तृषित वसुन्धरा सेहो चातकी जेकाँ,
मेघक सतृष्ण, अपलक निहारैत—
दग्ध गात शीतल करबाक
अंतरक गहिर गुंजारमे ई विचार—
कखन अआयत स्नेह-सिंचित,
प्रियतमक मधुर स्पर्श समान
रिमझिम फुहार?

बादल

लय-ताल सुसज्जित मधुर,
करतल-ध्वनि-सी,
संगीत-लहरी में आबद्ध!

बारिश की बूँदों की अनोखी आवृत्ति,
बौछार अति समृद्ध!
उमड़ते घटा-टोप,
घनश्याम सदृश्य!

लरजते-बरसते अन्तर्मन में,
अनवरत पड़ने लगी ज्यों
वर्षा की पहली हों फुहार!
प्रस्फुटित अनायास अधरों पर,
बिखर रहा राग मल्हार!

संदेश अमर बदलते ऋतु के प्रीत की,
बूँदें अति सुन्दर, सुघड़, बारिश के नेह की—
ज्यों हों झड़ी, छोटी-बड़ी शून्य-सी!
बरस रहा मेघ अनवरत छनन-छन्न!

भींगती धरा, भीज रहा जन-जन!
उमंग-उत्साह से सराबोर
जन-जीवन का पुलकित मन!
चारों ओर हरियाली की चादर बिछाता,
प्रेमरस-पगा प्रकृति-नेह-रूपी सरिता बहाता!

कभी–कभी उद्वेलित, उच्छृंखल
बादल बरबस डरा जाता!
कभी फटकर
समस्त नगर ही लील जाता!

तो कभी बरसकर ही गाँव हो
या हों शहर, सर्वस्व को बर्बाद,
तबाह कर जाता!
आप्लावन की विभीषिका
है दु :खद, भयाक्रांत कर बेहद डराता!

बादल! सदा के लिए परोपकारी
क्यों नहीं बन जाता?

बादर

लय–ताल सुसज्जित मधुर,
करतलक ध्वनि जेकाँ,
संगीत–लहरीमे आबद्ध!

बरखा केर बून्नक अद्भुत आवृत्ति,
बौछार अति समृद्ध!
उमड़ैत घटा–टोप,
घनश्याम सदृश्य!

लरजैत–बरसैत अन्तर्मन मे,
अनवरत झहरै' लागल जेना
बरखाक' पहिल फुहार!
प्रस्फुटित अनायास अधर पर,
बिखरि रहल राग मल्हार!

संदेश अमर बदलैत ऋतु–प्रेमक,
बून्न अति सुन्नर, सुघड़, बरखा नेहक–
जेना हुअए झड़ी, छोट–मोट शून्य–सन!
बरसि रहल मेघ अनवरत छनन–छन्न!

भीजल धरती, भीजि रहल जन–जन!
उमंग–उत्साह सँ सराबोर
जन–जीवनक पुलकित मोन!
चारू दिशि हरियालीक चादर बिछबैत,
प्रेमरस पगल प्रकृतिक नेह–रूपी सरिता बहबैत!

कखनो कखनो उद्वेलित, उच्छृंखल
बादर अनचोके डरा जाइत!
कखनो फटिक'
समस्त नगरहि लीलि जाइत!

कखनो बरसि कऽ गाम हो
वा शहर, सर्वस्व कैँ बर्बाद,
तबाह कऽ जाइत!
आप्लावनक विभीषिका
अछि दुखद, भयाक्रान्त कऽ बेहद डरा जाइत!

बादर! सदा के लेल परोपकारी
कियैक नहि बनि जाइत?

9 788198 849861

Printed at Repro India Ltd.